本书受到教育部人文社会科学研究青年基金项目"高管团队注意力与企业颠覆性技术创新行为研究（项目编号：18YJC630080）"和内蒙古师范大学高层次人才科研启动经费项目"高管团队注意力风格、企业家社会资本对不连续创新的影响研究（项目编号：2019YJRC055）"的资助，是以上两个项目的研究成果。

高管团队注意力对
企业颠覆性技术创新行为的
影响研究

RESEARCH ON THE EFFECT OF TMT'S ATTENTION ON
DISRUPTIVE TECHNOLOGICAL INNOVATION BEHAVIOR
OF ENTERPRISES

李寅龙◎著

经济管理出版社
ECONOMY & MANAGEMENT PUBLISHING HOUSE

图书在版编目（CIP）数据

高管团队注意力对企业颠覆性技术创新行为的影响研究/李寅龙著.—北京：经济管理出版社，2023.9

ISBN 978-7-5096-9253-0

Ⅰ.①高…　Ⅱ.①李…　Ⅲ.①企业管理—技术革新—研究—中国　Ⅳ.①F279.23

中国国家版本馆 CIP 数据核字（2023）第 184533 号

组稿编辑：张　艺
责任编辑：申桂萍
助理编辑：张　艺
责任印制：黄章平
责任校对：陈　颖

出版发行：经济管理出版社
　　　　　（北京市海淀区北蜂窝 8 号中雅大厦 A 座 11 层　100038）
网　　址：www. E-mp. com. cn
电　　话：（010）51915602
印　　刷：北京市海淀区唐家岭福利印刷厂
经　　销：新华书店
开　　本：720mm×1000mm/16
印　　张：9.75
字　　数：155 千字
版　　次：2023 年 10 月第 1 版　　2023 年 10 月第 1 次印刷
书　　号：ISBN 978-7-5096-9253-0
定　　价：78.00 元

前　言

在世界处于百年未有之大变局的背景下，中国企业在创新发展思维方式转变、创新战略制定与创新路径选择上面临极大的挑战，这种挑战不仅中国的企业要面对，其他发达国家的企业也经历过，只是其表现形式不同而已。百年未有之大变局下，与创新相关的发展模式呈现出两种表面看起来不相关，但实质却密切交织在一起的创新轨迹：一种是创新的外部环境发生了颠覆性变化，原有的创新规则被打破，而新的规则尚未建立，身处其中的企业需要寻找新的策略和方向；另一种是延续原有的创新路径进行渐进式改变，每一处细微量变中蕴含的创新质变并未引起这些企业的察觉，它们正在经历创新思维困境。

众所周知，中国企业在过去很长一段时间及未来一段时间会在某些关键核心技术和核心价值链环节受制于人。如果这种趋势继续下去，中国企业运营的连续性将会受到极大的影响。改革开放40多年来，中国制造业融入全球化产业价值链中，从而获得了自身的成长，借助全球产业发展构筑自己较为完整的制造业产业体系，进而在产业工业化方面集聚了创新的基础。然而，中国企业在全球产业链中的分工依然处于价值链"微笑曲线"① 的谷点，更高附加值、高技术含量的产业链环节仍然掌握在一些发达国家企业手中。中

---

① 价值链"微笑曲线"是由宏碁集团创始人施振荣于 1992 年提出的。其主要思想是强调产业分工中不同环节的附加值差异，处于"微笑曲线"两段的产业分工环节获得了较多的利益（如设计和销售），而处于"微笑曲线"低端的环节获得较少的收益（如装配）。

国企业在掌握关键核心技术方面还面临被"卡脖子"的威胁。换句话说，中国的制造业在某种程度上并不能实现完全自主知识产权，很多核心技术依然要通过进口来满足生产的需要。企业在构建完整的技术链上面临很大的困难。因为技术链是隐性的，其背后涉及的是底层技术与产品架构、部件、设计和生产都密切关联，核心的技术和能力被控制在少数企业手中。由此导致中国企业缺少在技术链上的话语权，从而无法在利益分配方面获得主动权。过去，中国制造的崛起主要依靠制造链上的竞争优势，那么未来将取决于在技术链上的发展。或者说，中国企业只有在技术链上通过对创新的投资与能力的构建才能赢得未来。

近年来，中国经济转型需要相应的产业转型升级，这对中国制造业造成了很大压力。因为产业转型升级的重要依托就是企业创新，通过技术创新改变原有产业结构，淘汰落后产能，提高产业技术含量和附加值，而产业升级转型背后真正的力量是创新人才的培养和升级。中国完成产业结构升级意味着中国制造业的成本优势将会以另外一种新的形态出现，并为未来中国经济增长提供新的动力。如果不能成功地完成产业结构转换和升级，未来中国经济的增长可能会面临极大困难。在产业升级转换过程中，创新将是一个非常重要的驱动力。

实际上，中国广阔的市场为中国企业提供了良好的创新发展环境。随着消费者消费能力的不断提升，中国消费市场为企业创新提供了巨大的拉动力量，而企业不断发展的创新能力以及不断完善的产业链、价值链和技术链为中国企业从中国制造迈向中国创造奠定了坚实的基础。此外，中国企业的迅速崛起，对全球产业链、价值链中占主导地位的国外企业带来了很大冲击。按照西方企业制裁中国企业的结果来看，中国企业在应对西方企业技术限制方面并不能给予有效回应。虽然中国的企业已经取得了很大进步，但必须承认的是，中国企业在少数关键核心技术研发、较为完整的技术链构建及品牌国际化运营方面还有许多不足的地方。

国家创新体系建设要突出颠覆性技术创新在经济社会发展中的支撑作用。颠覆性技术创新是一种另辟蹊径、对已有传统或主流技术途径产生整体或根本性替代效果的技术，可能是全新技术，也可能是现有技术的跨学科、跨领域应用。创新驱动发展、推进供给侧结构性改革及产业升级战略，要求把企业创新作为推动经济和社会发展的排头兵。突出以企业创新为主体的创新模式将成为国家创新驱动发展战略的重要原则。其中，强化企业创新的主体地位，在行动举措与实施措施上注重发挥企业家和高层管理团队在创新中的重要作用。在颠覆性技术创新变革中，很多企业同时面临新进入者的颠覆性技术以及行业中现有竞争对手在创新领域突破的双重压力。如果不能有效地应对颠覆性技术创新带来的影响，在位企业可能会面临生存危机。然而，能否在颠覆性技术创新的冲击下存活，在一定程度上取决于企业能否在现有技术创新战略的基础上发起跨越式、颠覆式变革。

目　　录

第一章 导论

第一节 研究背景与问题提出

本书致力于帮助企业寻找提升创新动力的内驱力。本书发现高管团队角色及注意力方面的特性对企业进行颠覆性技术创新的行为有重要的影响作用，这个发现为企业进行颠覆性技术创新带来了灵感。企业如何在快速变革中推动技术创新、产品创新及市场创新，从而赢得竞争优势，成为组织与战略管理研究的重要问题，特别是对于技术密集型企业而言尤为显著。

当众多创新型在位企业沉醉在当前主导技术优势中津津乐道时，颠覆性技术创新带来的冲击将重新塑造未来的竞争格局与市场地位。在企业颠覆性技术创新技术变革中，很多企业同时面临新进入者的颠覆性技术以及行业中现有竞争对手在创新领域突破的双重压力。如果不能有效应对企业颠覆性技术创新带来的影响，在位企业可能会面临生存危机。然而，能否在企业颠覆性技术创新的冲击下存活，在一定程度上取决于企业能否在现有技术创新战略的基础上发起跨越式、颠覆式变革。所以，我们的研究课题聚焦于以下几个方面：

第一，形成企业颠覆性创新行为的基础要件有哪些？

第二，关于企业高管团队注意力研究的状况与成果是怎样的？

第三，企业的高管团队对其进行颠覆性创新行为产生了什么样的影响？

第四，不同的企业在经历颠覆性创新技术的冲击后其后果有哪些差异？

第二节　研究目的与研究意义

一、研究目的

本书的研究目的有三个：其一是考察企业颠覆性技术创新的判别依据；其二是挖掘企业高管团队注意力在企业颠覆性技术创新行为中的作用；其三是剖析企业颠覆性技术创新的后果效能机理，以下分别阐述这三个研究目的的具体内容：

（一）考察企业颠覆性技术创新的判别依据

通过梳理颠覆性技术创新理论研究过程中学者与实业家们对颠覆性技术创新的内涵、构成要素以及判定标准，深入考察企业颠覆性技术创新的核心标准，为回答到底什么才是真正的颠覆性技术创新给出科学的理论解释。同时通过实证分析验证这些判断标准在中国情境下的适用性。

（二）挖掘企业高管团队注意力在企业颠覆性技术创新行为中的作用

基于中国制造业、信息技术业上市公司样本数据，深入揭示高管团队注意力对企业颠覆性技术创新的作用机制。通过文本分析、案例分析及统计分析等方法，采纳 Nisbett 等（2001）的建议，研究高管团队注意力对企业颠覆性技术创新的影响作用。

（三）剖析企业颠覆性技术创新的后果效能机理

创新绩效反映了企业创新成果的整体业绩，考虑到本书的研究情境、样本选择等因素，笔者汲取国内外相关学者的建议，将企业的创新绩效作为结果变量用来检验企业颠覆性技术创新的价值效能机理。

这三个研究目的指明了本书的主要研究方向，是搭建本书的研究框架的重要支撑。其中第一个研究目的重在剖析颠覆性技术创新的理论内涵；第二个研究目的重在发掘影响企业颠覆性技术创新的前因影响机制；第三个研究目的重在检验企业颠覆性技术创新的后果效能机制。通过实现上述三个研究目的，读者对企业颠覆性技术创新的前因后果会有更为清晰的认识。

二、研究意义

本书的研究在理论与实践方面的意义主要包括以下四个方面：

第一，关于发掘企业家或高管层面诱发颠覆性技术创新的认知因素，之前组织理论与战略管理理论的研究已经形成一些观点，以解释颠覆性技术创新行为中企业家或高管团队层面的异质性（如组织经验、财务和知识资源以及正式和非正式的组织结构）。但是，认知层面的概念在理论和实证上的发展仍然存在不足。一些学者的研究已经表明，认知可以推动企业进行技术开发及改变战略变革的方向。但是，关于企业高管认知是否以及如何改善颠覆性技术创新行为方面的研究尚未得到系统的分析。所以，在组织理论和战略管理理论中，研究高管团队注意力是否及如何促进颠覆性技术创新问题有重要的理论意义。

第二，国内外学者对高管团队注意力的关注，也成为战略管理领域研究中的重要问题。很多学者试图结合不同的情境来研究高管团队注意力的构成维度、前置因素及测量模型，聚焦于高管团队注意力对企业绩效、创新绩效的影响。然而，随着研究的不断深入，学者们发现，现有关于高管团队注意力与企业颠覆性技术创新之间的内在机理存在不足。同时，关于企业颠覆性技术创新的判别依据与实证研究也缺乏有力的证据。本书在我国当前"大众创业，万众创新"的背景下，改变以往只关注企业高管认知对企业绩效的影响，或主要关注外部产业环境、内部企业资源与能力、企业间联盟或组合对企业颠覆性技术创新行为的影响，将研究的视点聚焦于高管认知层面，将高管团队注意与企业颠覆性技术创新整合在一个框架内，从理论推演与实证检验两个方面研究要素之间的作用关系，在学术研究上具有创新性，在研究成果上具有理论贡献。

第三，从本书对现实中管理现象解释的角度来看。企业高管团队注意力对企业颠覆性技术创新的影响从认知的视角解释了企业进行颠覆性技术创新决策或颠覆性技术创新行为方面优于其他企业的原因。虽然从企业内部环境、外部环境、资源，以及其他视角解释企业之间战略绩效的差异性是当前组织行为与战略管理的惯用手段，但是并不能忽略基于企业家或者高管团队层面的认知因素对企业颠覆性技术创新的刺激作用。因为，无论是从应对环境变化还是从资源获取的角度而言，改变企业的认知方式或者改变企业高层管理人员的注意力风格都会更为容易。毕竟，通过组织设计、资源获取和重组，以及与其他企业联盟的形成来促成颠覆性技术创新，其时间花费和资源的消耗相对于改变企业的认知模式是极其巨大的。

第四，从本书的研究对管理实践的意义来看，一旦企业的高管意识到他们如何思考及应该如何思考，他们可能最大限度地提高能力并战略性构建自己的认知过程。这种战略性的认知和注意力不是随意形成的，也不是企业高层管理者自发的认知表现，而是有意识地将企业战略规划和战略目标与高管团队注意力表现连接的具体表现。总之，基于认知优势的企业在进行颠覆性技术创新的过程中比其他企业更容易进行适合于本企业技术变革的颠覆性技术创新战略，这种认知优势进一步表现为高管的注意力在实践操作、研究测量，以及可视化方面都有重要的实践意义。

第三节 研究内容

本书的研究内容主要包括三个部分：第一部分是关于企业颠覆性技术创新的核心判别依据，该部分主要研究对企业颠覆性技术创新的界定；第二部分主要研究高管团队注意力对企业颠覆性技术创新行为的影响作用；第三部分主要研究企业进行颠覆性技术创新行为的后果效能机制。本书的结构按照

"颠覆性创新是什么""为什么高管团队注意力会影响企业颠覆性创新行为"及"高管团队注意力如何影响企业颠覆性创新行为，后果怎么样"的逻辑序列安排。内容框架如图1-1所示。

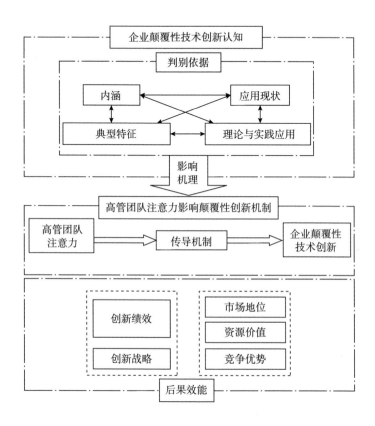

图1-1　内容框架

一、企业颠覆性技术创新的核心判别依据研究

当前，学术界对"颠覆性技术创新"的误读及实业界对颠覆性技术创新的误用使颠覆性技术创新的有效性受到威胁。按照Christensen（1997）对"颠覆"的识解，"颠覆"指的是规模较小、资源较少的公司能够成功挑战在位大企业的过程。主流的理论判定颠覆性技术创新的几大关键标准具体包

括：①在位企业是否在利润上对新进企业的细分目标不感兴趣？②新进企业能否利用新的商业模式在该细分中获利？③小公司是否具有承接更大更复杂项目的先进技术，让它们在能够利用新商业模式的同时，不必牺牲成本和业绩优势？或者说，小公司能否进入市场上游，而且不会落入和现有主流市场中大公司一样的窠臼？如果这三个问题的回答都是肯定的，那么这种技术创新就是颠覆性技术创新，如果其中有一个问题的答案是否定的，则该种技术创新就不是颠覆性技术创新。这个判断标准虽然得到部分学者和实业界的认可，但是缺乏坚实的理论基础以及大样本实证检验，所以，本书的第一个研究内容聚焦于企业颠覆性技术创新理论的核心架构，旨在回答到底什么才是真正的颠覆性技术创新、这些判断的标准在中国情境之下是否适用。

二、高管团队注意力与企业颠覆性技术创新行为研究

一些学者对影响企业颠覆性技术创新的高管认知因素产生了浓厚兴趣。例如，Kaplan 和 Tripsas（2008）、Maula 等（2013）的研究取得了开创性成果，他们的研究最终认为，如果在位企业的高管团队（或者 CEO）能够及时地关注颠覆性技术，那么就很可能在这种技术上进行投资，从而有效应对来自颠覆性技术创新的威胁。虽然 Kaplan 等（2003）证实了 CEO 对新技术的关注可以促使企业在该技术领域投资的增加，但他们并没有区分技术创新的类型。他们所指的新技术涵盖了所有相对企业而言未曾开发的技术，而技术变革只是代表新旧技术的交替和转换。颠覆性技术创新本质上是技术变革的特例，企业高管在面向颠覆性技术创新变革的情境下做出什么样的决策，将对企业未来战略行动的成功与否起着至关重要的作用。

从当前已有的文献来看，关于高管注意力与企业颠覆性技术创新（技术颠覆性变革）之间关系的研究，嵌入在寻找在位企业面临颠覆性技术环境时的战略选择和行动路径中。这方面的研究涉及两个主要内容：其一是在位企业与技术颠覆性的关系；其二是高管的注意力如何适应颠覆性技术创新变革。从在位企业与颠覆性技术的关系来看，研究的视角集中于在位企业面临颠覆性技术的困境和认知方面的障碍。例如，组织惯例和能力（Winter & Nelson，

1982）、路径依赖和组织承诺升级（Henderson & Clark，1990）、在位企业嵌入的价值网络（Christensen，1993）、新进入者和在位企业从事颠覆性技术创新行为的经济激励（Christensen，1997）、组织惰性（Tripsas，2009）、高管注意力（Kaplan & Tripsas，2008；Kaplan et al.，2003；Ocasio，2011）以及关注或解释颠覆性技术过程中的认知障碍（Danneels，2015）。本书借鉴 Kaplan 和 Tripsas（2008）、Maula 等（2013）以及 Eggers 和 Kaplan（2009）等的研究成果和建议，深度挖掘企业颠覆性技术创新的高管认知影响因素，研究结果将进一步拓展高管团队注意力风格在企业颠覆性技术创新过程中扮演的角色。

三、企业颠覆性技术创新行为的后果效能机制研究

技术的颠覆性创新推动着技术变革的周期性演化与技术进步（Anderson & Tushman，1990）。从宏观层面来看，每一轮技术的重大颠覆性变革将促进生产力水平的大幅提升（Tushman & Anderson，1986）。从微观层面来看，企业成长的颠覆性与企业技术创新的颠覆性相关（吴晓波等，2013），企业颠覆性技术创新改变了企业的技术基础和市场基础（魏江和冯军政，2010）。

从竞争优势层面来看，颠覆性技术成为主导设计所确立的行业标准以及竞争规则，定义了新一轮技术周期的开始，确立了企业在行业的主导地位与话语权（Tushman & Anderson，1986），颠覆性技术创新是稀缺的、有价值的和不可替代的竞争优势来源（Barney，1991）。此外，颠覆性技术创新对于持续的市场地位与新兴市场的创造至关重要，因为无论是激进型颠覆性技术创新还是破坏型颠覆性技术创新都是倾向于通过高性能、低成本或独特的产品属性进入新的市场，从而提升创新绩效。所以，对企业如何通过颠覆性技术创新来保持行业竞争优势，是战略管理理论家们试图解释持续优异创新绩效的重要问题（李寅龙，2019）。

第四节　研究方案

一、研究思路

颠覆性技术创新具有对传统或主流技术途径产生整体或根本性替代的基本属性。在其影响下的全球技术变革为中国企业实现弯道超车和技术追赶提供了新的契机。所以，为了厘清颠覆性技术创新的根本内涵和企业高管作用于颠覆性技术创新的能动性诱发机理，本书的研究思路设计如下：

首先，仔细梳理颠覆性技术创新的演化路径及核心要义，在此基础上对其判定标准进行理论规范与实证检验。抓住颠覆性技术创新演进过程的关键事件节点及其重要理论观点和相关理论成果。

其次，深度剖析企业高管团队注意力对企业进行颠覆性技术创新行为的影响。主要包括企业高管团队注意力结构形成机理，以及注意力风格类型分别对颠覆性技术创新在技术和市场两个维度的作用方式与影响机制。

最后，系统归纳颠覆性技术创新的后果效能机理。在厘定颠覆性技术创新核心要义及判定标准和高管认知前置因素的基础上，通过理论逻辑推理、样本实证检验归纳和检验颠覆性技术创新的后果效能，并与传统技术创新进行比较。

二、研究方法

（一）文献研究方法

笔者通过大量阅读国内外关于高管团队注意力和企业颠覆性创新的文献，总结企业高管团队注意力相关研究，分析国外企业颠覆性创新模式对我国实践的启示。同时，通过文献分析，梳理企业高管团队注意力与企业颠覆性创新相关概念的内涵、基础理论、实证研究等。通过文献梳理与分析为本书的研究提供较好的理论基础及方法论指导。

（二）调查研究方法

通过对相关大数据企业内部人员的问卷调查、深度访谈等方法获取关于企业高管团队注意力方面的主要问题，例如，企业高管团队注意力分配的原理与时间序列是什么，影响企业高管团队注意力分配的主要障碍有哪些？在调查问卷的基础上结合深度访谈的方式继续获取一手资料，通过交叉检验的方式验证采集数据的准确性与完整性，最终将问卷调查和深度访谈的质性数据转化为可以定量处理的数据，为后续研究企业高管团队注意力影响企业颠覆性创新的机理提供可靠的数据支撑。

（三）案例研究方法

案例研究的基本思路是通过典型企业的案例揭示具有普遍价值规律的一般性准则，试图将典型的颠覆性创新企业作为基本的研究对象进行深度分析。尽量选择那些曾经或者当前经历了颠覆性创新的企业的高管团队的特性进行深入分析。此外，还会将部分中小企业和部分可能进行颠覆性创新战略的企业作为案例研究的主要对象，通过案例研究方法，以更丰富、更具深度的研究方法实现本书的研究目标。

三、研究技术路线

本书的技术路线按照研究的基本框架、研究内容和研究价值的研究思路设计。其中，研究的基本框架包括研究的意义、理论基础及文献综述等内容；研究的内容涉及三个模块，即对颠覆性技术创新的认知、高管团队注意力对其影响的研究和企业颠覆性创新行为的后果研究。最后一部分给出研究的结果及其理论与实践应用价值（见图1-2）。

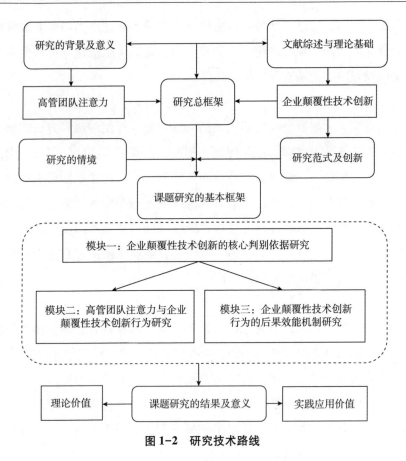

图1-2　研究技术路线

第五节　本章小结

　　本章第一部分阐述了研究背景和研究问题。本书主要围绕"颠覆性创新是什么""为什么高管团队注意力会影响企业颠覆性创新行为"及"高管团队注意力如何影响企业颠覆性创新行为，后果怎么样"三个基本问题展开研究。第二部分给出了研究目的和研究意义。第三部分是研究的主要内容，主要包括颠覆性创新的认知、高管团队注意力影响颠覆性创新的机制和高管团队注意力影响企业颠覆性创新行为的后果效能三个方面的内容。

第二章　概念界定

第一节　高管团队注意力的概念

一、高管团队的含义与特征

（一）高管团队的含义

1984 年，Hambrick 和 Mason 在 *Upper Echelons：The Organization as a Refleetion of its Top Managers* 一文中首次提出了高层梯队理论（Upper Echelons Theory），这个理论对高管团队（Top Management Team，TMT）的认识更清晰，之后也成为越来越多的学者研究高管团队的理论基础。高管团队一般是指由企业高管人员组成的团队，但其核心问题即构成高管团队的成员应该包括哪些？不同的研究其结果不大相同。本书将高管团队界定为由一些在组织中主要承担战略决策职责的高层管理者所组成的团队，其成员也是决定组织未来如何发展以及影响组织绩效的核心群体。在公司制企业中，高管团队通常由董事会成员、总经理、副总经理以及其他共同参与战略决策的高层管理者组成。高管团队成员依据自己的知识、经验和技能对企业经营进行管理，实现企业经营目标。当企业面对复杂多变的决策环境时，管理者自身所拥有的知识储备以及智力方面的限制，导致他们对事物的认识是有限的。高管团队影响企业战略的制定和实施，而企业战略决策的失误将会对企业生存造成直接影响。

（二）高管团队的特征

1. 高管团队的稳定性

高管团队的稳定性是指高管团队成员在一定时期内规模和成员构成上的稳定程度，反映了团队成员之间的信任程度，是高管团队凝聚力的集中体现（于东智和池国华，2004）。对于所有权和经营权相分离的企业，高管团队成员彼此之间的稳定配合以及长久合作形成的默契尤为重要，其原因主要包括三个方面：第一，高管团队总体规模以及内部核心成员不宜变动过大。团队成员之间的默契需要长期磨合形成，过于频繁的人事调动不利于团队成员的相互了解，新成员与老成员之间极易出现因观念、知识水平以及教育背景差异导致的分歧，从而无法有效完成组织任务，这些均不利于组织目标实现以及企业价值最大化。第二，高管团队成员之间的信任是一个团队稳定的核心因素。作为企业的高层管理者，最忌讳互相猜忌，成员之间的信任是大家向着组织共同目标前进的重要前提。第三，高管团队凝聚力是一个优秀企业不可或缺的要素。团队成员各自发挥自身长处以完成企业的共同目标，是高管团队稳定性特征的一个具体表现，也是高管团队行使其职能必备的基本条件，在其发挥自身的创新能力时尤为显著，需要高管团队稳定性的保障。

随着市场竞争日益激烈，企业要想在这样的市场大环境中取得较高的市场占有率，扩大市场份额，就必须从企业发展战略、产品开发战略、产品优化升级、员工再培训与再开发、合理的绩效薪酬管理以及优化组织结构等方面着手，而高层管理团队在其中发挥着不可忽视的作用，高管团队成员各自所拥有的知识、经验和技能对企业的经营管理以及实现经营目标有着巨大的推动作用。但无论是企业战略变革还是产品的优化升级都离不开创新性思维，高管团队必须具备科学的管理决策和持续不断的创新能力，而高管团队的稳定性对于高管团队的创新能力有着持续的积极影响。

2. 高管团队的异质性

Hambrick（1996）认为，高管团队异质性是高管团队在人口统计学特征、重要认知、价值观以及经历等方面的差异性和独特性。高管团队的异质性体现为团队成员多方面的差异，如年龄、任期、性别、教育背景等，具体表现为以下四个方面：

（1）高管团队成员年龄的异质性。高管团队成员年龄的异质性表现为年长的企业高层管理人员经过长时间的商场沉浮后更趋向于稳定发展，他们大多会采取较为稳妥的企业战略；而年轻的企业高管则更倾向于较高风险、较大收益，他们年轻气盛，敢想敢做，通常拥有优于年长者的创新思维能力，也更愿意实施风险相对较大的企业发展战略。高管团队的年龄异质性导致新成员和老成员在观念上以及决策中可能出现分歧，新旧思想的碰撞是企业高管团队的优势也是劣势，往往需要成员间彼此协调合作、求同存异，将发散性思维汇集起来并运用到决策中。

（2）高管团队成员任期的异质性。当前复杂的市场环境中，人才的吸纳与退出是必然趋势，由此导致了高管团队成员任期的异质性，即高管团队成员在各自任期的差异。高管团队的稳定性特征要求高管团队总体规模及成员变动不应过大，但人才的引进是企业发展的必经之路，能长久发展的企业少不了新鲜血液的注入，其创新性思维会使企业获得可观的收益。然而，任期的长短意味着成员间为企业做重大决策时的想法不同，任期较短的新成员容易被短期利益吸引，为求快速达到一定收益而做出一些短期收益较好但不利于企业长远发展的决策，而任期较长的高管成员则更趋向于未来利益，为企业长期收益投入较多精力。

（3）高管团队成员性别的异质性。性别上的差异往往会影响个体的思维决策，一般认为男性和女性在风险决策、领导方式、企业战略决策以及个人亲和力等方面都有较大不同，男性领导是风险偏好者，更倾向于较高风险的刚性决策；而女性领导则更大可能是风险厌恶者，她们更愿意采取规避风险的柔性领导风格。二者在领导风格以及风险偏好上的差异导致他们最终做出的决策具有一定的差异性，从而会影响企业高管团队的凝聚力，不利于企业发展。

但也有学者指出，因男女性对信息获取和理解的角度不同会产生相异的决策视角，从而会减少决策行为的个体偏误（Zelechowski & Bilimoria, 2004）。

（4）高管团队成员教育背景的异质性。一般而言，受教育水平高意味着具有更敏锐的分辨能力和更强的信息收集和处理能力（陈忠卫和常极，2009）。高管团队成员受教育的水平高低直接决定着高管团队整体的决策水平高低，管理者会依据自己所受到的教育以及自身工作经验做出决策。那么，受教育水平高的管理人员在收集信息、分析案件以及优化决策方面要优于受教育水平低的高管。教育的异质性可能会引起高管团队的新思考，有助于其创新行为，但也可能会使二者发生冲突，难以达成共识，不利于企业创新和绩效提升。

3. 高管团队异质性导致的高管团队多元化

（1）高管团队多元化的概念。高管团队多元化是指高管团队成员在年龄、任期、性别、教育背景等方面的差异化程度，差异化程度较高的团队，其成员的特点更加具有多样性，差异化程度较低的团队，其成员则趋向于单一的特质。高阶理论、资源基础理论和社会认同理论都是以社会人假设为基础的，认为高管团队是一个由社会人构成的团队，其成员的特征差异和互补会对企业决策产生影响（王性玉和邢韵，2020）。根据高阶理论的观点，高管的认知偏好以及自身特征使高管团队成员的领导风格和决策偏向各有不同，由此体现出高管团队的多元化。资源基础理论体现出企业间有形资源和无形资源的独特性和不可复制性，这些资源转变为企业高管的知识、技能、资金等独特的能力，成为企业提高创新能力的源泉。社会认同理论的核心是个体对群体的认同，该理论认为个体会通过社会分类对自己的群体产生认同感，社会认同由类化、认同和比较三个阶段构成。研究表明，高管团队中基于性别和年龄等人口统计特征差异造成的断层会给组织带来负面影响，但基于任期、学历和职能背景等特征差异造成的断层能够为组织带来多元化的信息资源，产生积极的结果（卫旭华等，2015）。

（2）高管团队社会背景多元化。研究表明，高管团队成员因社会属性差异带来的社会断裂带会造成团队社会整合和社会认知的障碍，并降低企业绩效（陈慧等，2019）。也有学者发现，高管职能背景异质性对组织绩效有正向促进作用，但年龄异质性给组织绩效带来了负面影响（崔小雨等，2018）。相比之下，高管团队社会背景多元化在一定程度上有利于企业发展，企业高管的社会背景决定着他们的领导风格和决策思维，具有不同社会背景的高管成员涉及不同的商业领域，使高管团队总体的创新能力提高，他们以自身眼界为企业做出的综合决策在很大程度上有利于提升企业绩效。

（3）高管团队职能背景多元化。与其教育背景相比，高管团队成员的职能背景较难分辨，职能背景在社会认同方面略有不足，所以在企业正式决策中，因职能背景不同而导致的组织决策差异较小。研究表明，当团队成员所掌握的信息较为类似时容易出现群体思维（Group Think），成员在知识领域和经验上的相似会为决策提供重复的信息，容易造成低质量的团队决策。创新活动本质上是一项复杂性高的认知活动，在某种意义上意味着将多领域的事物进行融合从而产生新的事物（Shalley，2004）。知识多元化的团队具有更加丰富的认知资源，当团队成员的不同观点和想法产生碰撞时，会促进成员共同探索彼此的未知领域，从而产生更多的新想法和创新成果，进而提升企业创新能力。

二、管理者注意力的内涵及分类

Ocasio（1997，2011）在注意力资源观中将管理者注意力定义为对某一特定主题、问题、机会和威胁以及特定技能、流程、计划、项目和程序等在时间和精力上的分配，并且确定以注意力为基础的三个原则：①管理者的行动与其关注的重点存在很大的关联；②管理者的注意力往往是嵌入在特定情境之中的，而且这种情境会影响管理者从关注到决策的整个过程；③注意力呈结构化分布（李寅龙，2019）。

注意力的分类可以从认知科学研究领域中对注意力的研究层面与形成机制中找到根源。Ocasio（2011）将注意力分成选择性注意力、警觉性注意力以及执行性注意力。选择性注意力是个体在面临复杂的信息冗余决策环境中对部分信息进行筛选和遗弃，从而将自身的注意力收敛到某些重要信息上的过程。警觉性注意力是决策者始终保持对特定刺激关注的注意力过程。在这个过程中，决策者会在某个决策信息信号显示节点上设置其关注的信息阈值或某种刺激的信号，一旦这种信息阈值出现异常或者某种刺激信号出现就会引起决策者的关注（李寅龙，2019）。

三、高管团队注意力

Ocasio（1997，2011）认为，高管团队注意力是高管团队成员关注、编码、解释和聚焦用于理解组织环境和确定战略决策可能性的时间和精力的过程。反映理解组织环境的几个因素是 Ocasio 所谓的"议题"。"议题"决定战略决策，即管理团队做出什么样的决策取决于他们将注意力分配在什么样的信息上，换句话说，企业的战略是由注意力的焦点决定的。Ocasio 将高管团队注意力分为外部注意力和内部注意力，外部注意力是指高管团队将注意力配置在外部环境上，企业的外部环境一般指一系列超出组织边界但影响管理者获取和运用资源的能力和条件的组合。外部环境对企业的影响可概括为三个方面：市场扰动（消费者偏好变化速度）、竞争密集度（一个区域存在同行业企业的数目）和技术扰动（技术变化率）。决策环境中的信息披露影响决策、发展和创新。当企业面临的环境发生变化或不确定性刺激因素出现时，决策中的信息也会发生改变，其中对"与创新相关的信息"的披露也会影响企业创新战略的制定和选择。因此，本书对外部环境的关注重点主要集中在市场需求环境、竞争环境和技术环境三个方面。为了便于理解，本书将管理层在市场需求环境中的注意力定位为市场需求注意；将管理层在竞争环境中的注意力定位为竞争注意；将管理层在技术环境中的注意力定位为技术注意。而内部注意力是指高管团队把注意力集中配置在内部的环境中，企业的内部环境主要是企业内部物质资源与文化环境的总和，具体包括企业的资源、企业拥有的能力及企业文化等，也称企业内部条件，即组织内部的共有价值体系，包含企业的指导思想、经营的理念及工作作风。

四、高管团队注意力的配置

Ocasio（1997，2011）认为，企业高管对内外环境的关注主要集中在市场需求、竞争环境、技术环境、企业内部管理、市场营销、企业财务状况及其他内部因素七个方面。

（一）高管团队把注意力配置于市场需求

市场需求环境是与消费者需求、消费者购买行为、消费者偏好等相关的环境信息。当管理层对市场需求环境中的信息进行筛选、过滤和解释时，与市场需求相关的信息就成为决策者认知中备受关注的信息。Sawhney（2007）认为，推动企业走向创新的两大力量是追求利润和获得战略优势。一方面，新产品需求的增加直接增加了企业的创新投入，促进了与需求相匹配的新产品开发；另一方面，新产品需求的增加会推高新产品价格，对企业创新形成利润激励。根据期望理论，技术创新的应用与高管期望的成功对企业的创新活动也有影响。新产品需求的提升可以增加企业创新成功率，也可以降低创新带来的不确定性，这种预期最终提高了高管对创新投入的积极性，即高管层在市场需求环境中的注意力配置对企业创新战略具有积极影响。

（二）高管团队把注意力配置于竞争环境

竞争环境主要是指与竞争力、竞争者等相关的环境信息因素（Porter，1980）。当高管关注竞争环境、过滤和解释信息时，首先将竞争相关信息纳入决策信息范围。竞争环境影响高管团队追求战略优势的程度。一方面，是市场结构变化对企业行为的影响。竞争程度的加剧、新进入者的增多和替代品的出现增加了销售管理费用，影响了企业产品的盈利能力，为了弥补竞争造成的利润损失，降低成本（低成本）和开发新产品（差异化）往往成为管理者的倾向和选择的应对策略。另一方面，随着市场竞争的加剧，企业间战略的竞争也很激烈；降低创新相关的生产成本，着力于突出客户的个性化特征，以此作为满足需求的有效工具，将成为企业重要的战略选择，企业之间可以产生相互激励的效应，即管理层在竞争环境中的注意力对企业的创新战略具有积极的影响。

（三）高管团队把注意力配置于技术环境

技术环境主要指与技术、专利、创新等相关的信息。当关注技术环境的高管人员对技术信息进行过滤、分析和解释时，会将与技术创新相关的信息纳入决策信息的考虑范围。高管团队成员对"创新相关信息"的披露影响企业的创新行为，对与新知识、新技术相关因素的关注优先于创新战略选择。管理层对技术和创新的强烈兴趣有助于快速识别新技术、新知识，进而通过企业的创新性行为将它们转化为应对技术变化和创新的新产品，实现新技术、新知识的价值。另外，新技术、新知识的运用是优化生产工艺步骤、开发新的产品的重要工具，优化生产工艺不仅能降低生产成本，还能扩大利润空间，为"低成本"竞争战略的实现提供竞争力（林杭伟，2019）。新产品开发成为企业实施"差异化"竞争战略的前提，可以帮助企业保持和发展竞争力，获得战略优势。此外，新产品可能带来的利益也会引导企业高管将新技术、新知识通过企业创新行为转化为新产品，即高管团队成员对技术环境的注意力会对企业创新战略的实施有积极影响。

（四）高管团队把注意力配置于企业内部管理

内部管理包括方案的计划、组织、激励、任用和控制五个职能，它们相互依存。计划是企业在发展过程中对目标、实现目标的方法及时间的选择和规定。一个企业的规划能力决定企业能否有效地执行企业的战略管理。高管团队规划工作的有效性取决于规划工作是否自上而下，是否按照正规的规划程序进行，通过规划工作实现协同作用，体现了高管团队能否理解环境的不断变化并做出有效反应。

（五）高管团队把注意力配置于市场营销

市场营销战略是企业高层管理者在制定企业战略之始就必须面临的一个问题。企业要为自己的商品和服务确定一个目标市场，在产品、地理区位、客户类别、市场等方面做出规定和表达。如果企业的市场定位明确、合理，就能使企业集中资源在目标市场中创造竞争优势（赵迎，2014）。而精准的市场定位与营销策略需要高管或者营销人员对市场的把握，对于高管团队而言，其注意力配置于市场营销的表现是对市场营销的重视以及将企业的资源向市场营销的倾斜。这种注意力的配置使高管更加关注市场动态，并有效激励市场营销工作人员，同时也有利于创新产品的推出。

（六）高管团队将注意力配置于企业财务

企业财务管理的水平和财务状况是财务分析的重要内容，主要针对财务管理者如何管理企业资金，例如，是否根据企业的战略需求来决定资金的筹集和分配政策，监控资金的运作和决定利润的分配。高管团队成员将注意力分配于财务上，也是企业财务目标实现的主要内容，这时，高管的角色演变为对财务战略负责、财务战略实施与财务战略协同。作为财务战略负责人，主要是对财务战略进行制定、审核与考核。财务战略实施要求高管具备财务管理专业知识，主要集中于财务计划制订、预算管理以及日常财务事务；财务战略协同是一个针对企业高层管理者和非财务经理人的财务角色，不仅要求高管人员看懂财务报表，还要明确高管团队成员与其他非财务负责人在财务战略中的协同。

（七）高管团队将注意力配置在其他内部因素

高管团队将注意力配置在其他内部因素主要涉及企业文化建设。企业文化是企业大部分成员共同遵守和实践中代代相传的各种信念、理念和价值观念的集合体，是一个企业软性竞争力的体现。企业文化增加了员工对组织的认同感，并不断激励员工努力工作，这是一种凝聚力。这种凝聚力中融合了高管的价值观，将企业利益放在首位的高管会赢得员工的拥护，他们更倾向于设计制度的公平性和制度良好的执行。其中主要包括三个方面的内容：一是正确的理念。正确的理念是企业文化的核心和精髓，它代表了企业存在的使命以及未来发展的方向，而正确理念的形成是基于全体员工的、以高管的思维为最终表现的集中体现。如果一个企业的高管对企业理念的理解是模糊的甚至是错误的，那企业的员工基本上处于浑浑噩噩的状态。

二是包容的文化。包容的文化是允许存在不同的声音的。如果是"一言堂"，员工不想也不敢把自己的不同意见在公开场合表达，因为不同的声音在促进企业改革和解决问题方面不会被重视，只会成为领导人讨厌的"多事者"，那么说明这个企业缺乏包容性。很多高管表面上让大家提出建议，但实际上所谓的"建议"或者"意见"只是形式而已。其实他们并不是真正想采纳大家的意见，而只是想知道员工是怎么想的，员工怎么想对于他们来说并不重要，因为这根本不会影响他们的决策。因此，这个结果会导致企业高管和员工的剥离甚至对立，员工不再关心组织的发展，他们只是把自己的工作做完，因为他们感觉这个企业的好坏都与自己无关，他们显得无足轻重，大家表面上一团和气，实质上形同陌路。

三是制度的执行。很多高管人员重视制度建设是因为制度建设可以确保企业良好运行。制度设计的本意就是要脱离人的随意治理，不以人的意志为转移。但是在现实的管理中会出现制度执行中的差异性，即制度恰恰是为那些遵守制度的人制定的。对于本来就遵守制度的人而言，即使没有这些制度，他们也可以很好地做事，因为道德的约束似乎在发挥更为重要的作用；而对于那些不遵守制度的人而言，他们总能"合理"地绕开制度的约束，寻求自身利益的最大化，如此制度就成了摆设，而高管作为制度制定与执行的主要负责人在其中发挥了很大的作用。企业人心涣散，老实的员工总是吃亏，因为能力强，所以有干不完的活，可一到利益分配的时候几乎和他们没有关系。按照亚当斯的公平理论，长期来看这些员工必然会降低工作积极性。到最后损失的是企业的利益，对于这样的企业谈颠覆性创新是无用的，因为对于他们而言生存都是问题。

第二节　企业颠覆性技术创新的概念

一、企业颠覆性技术创新的概念

Schumpeter（1934）在其著作 *The Theory of Economic Development：An Inquiry into Profits，Capital，Credit，Interest，and the Business Cycle* 中首次提出了创新的概念，认为创新是通过利用组织现有的经济结构不断进化，来破坏旧结构并且创造新结构，这被称为创造性破坏的力量，并且提到可以通过重新整合生产资料，产生创造性破坏，以此破坏现有的市场平衡，从而获得超额利润。中国较早研究创新的学者是浙江大学的许庆瑞院士，1986 年，其在著作《研究与发展管理》中将创新分为大型复杂系统的创新、重大技术突破的创新、"积累型"或"渐进性"创新。

综观国内外企业发展、繁荣的进程，当曾经在行业中风光无限、独占鳌头的企业面对突变的技术和市场时，却无法保住自己的领袖位置，被拥有新兴技术的企业所超越，被时代所抛弃。例如，沃尔玛通过运用条形码、卫星等技术构建新型供应链管理模式，其商品储运成本就要比西尔斯低很多。因此，已经形成呆板老化供应链体系的西尔斯由于商品储运成本过高败给了沃尔玛。虽然国际商业公司（IBM）垄断了大型计算机市场，但还是忽略了小型计算机市场，Digital Equipment 抓住了机会，由此主宰了小型计算机市场，但其又完全忽视了个人计算机市场，从而使 Apple 公司有机可乘，即使比其他公司晚了将近五年，Apple 公司仍然成为个人计算技术领域的领先者。

在商业领域，企业之间颠覆性替换的表层原因可能是那些老牌的龙头企业因成立年数太久，企业内部形成了骄傲自大的惰性文化，并有着呆板老化的管理模式以及目光短浅、只着眼于短期回报而忽视了未来发展的投资模式。但深究其根源则是这些老牌企业在提供产品和服务时都秉承"顾客至上"的原则。当面对一项技术突变时，领先企业首先会在现有市场去征询顾客的意见，如果客户认为这项新技术可以满足需求，领先企业就会汇集企业资源大力开发推广。然而，如果当前客户不看好该项创新技术，结果则是领先企业很难再站到商业化的潮头浪尖上。因为这些企业大多都有自己的理性投资流程，这些流程的首要目的是满足现有市场的顾客需求并遏制竞争对手。因此，将大量资源用来满足在当时看似无足轻重或尚不存在的客户群体，于情于理都是不合适的。但是，这个在当时看来理性的决定，被后来无数个失败教训证明是灾难性的，使龙头公司蒙受巨大损失的突变技术大多都具有两个非常重要的特征：一是它们提供了一套不同的性能属性，客户在开始时并不看好这套属性；二是客户目前看好的现有技术会被颠覆掉，随着新技术不断地成熟，其逐渐会替代旧技术进入主流市场，而那时的头部企业发现时已经太迟了，因为新技术的开拓者们占领了市场，已逐渐超越了领先企业。这些原本领先的企业若想减少或者克服这种巨大损失，就需要去识别这一类型的技术创新。

Joseph 和 Christensen（1995）在 *Disruptive Technologies：Catching the Wave* 一文中正式将颠覆性创新运用到技术领域中，创造性地提出技术分为两种，分别是维持性技术（Sustaining Technology）和颠覆性技术（Disruptive Technology）。维持性技术往往会进行改进，但它会保持一定的速度进行改进，并且对客户认可的技术属性进行改进，从而创造出更好的产品。而颠覆性技术则是完全推翻原有的、已经被主流客户所认可的技术，以出乎意料的方式出现的技术，这种技术往往会开辟新的市场，改变现有的市场格局，形成新的竞争局面，其本质是按照最新的技术趋势，将新的架构原则引入，且重新定义产品的功能价值属性。

Thomond 和 Lettice（2002）认为，企业颠覆性技术创新发端于满足低端市场和新市场上过去无法被主流技术所满足的需求。它的利益获得主要来源于低端市场，使用来自低端市场获得的利润收入，加大对产品、服务、商业模式的投资，并开拓了新市场，加大了顾客的数量。随着产品、服务和商业模式的发展以及知名度的提高，主流市场开始注意并接受新技术。当主流市场完全接受新技术时，新技术会完全取代现有技术。Kenagy（2001）曾认为企业颠覆性技术创新的原始功能单一、技术简单，属于简单的、低成本的商业模式，起源于被忽略的市场层面，并且来自其目标市场的局限性困难较小。当将改进后的创新技术推向主流市场时，顾客的技术转换成本较低。该技术创新惠及更多易受影响的、适当的、具有熟练技能的人们去从事以前必须集中由薪酬昂贵的专家来完成的工作。

综上所述，颠覆性创新是指当一个新产品在进入市场时，并未最先选择主流市场，而是选择低端市场（低收入客户群）进入，这个产品可能价格更低、功能更简单、质量也不完善，甚至没有良好的客户体验，但是它总是具备某些消费者青睐的特质，如更为轻盈的体积、更快的运行速度或其他独特的性能。随后，该新产品不断完善进而刺激市场需求，它将从低端市场蔓延到高端市场，最终将该市场原有产品彻底替代（颠覆）。

二、颠覆性创新与一般创新的区别

从语言的含义上看，颠覆性创新与维持性创新相对应，突破性创新与连续性创新相对应，激进性创新与渐进性创新相对应。这样，可以看出颠覆性创新区别于其他类型创新的一个重要准则是基于技术的创新过程和客户价值创造轨迹的创新，并且和原有的技术准则不同，在市场、产品、网络参与者等方面都存在自己独有的特点特征。

从创新的本质来看，"颠覆性创新"和"渐进性创新"有很大的差别，颠覆性创新可以做到为企业带来革命性的转变和革新，在当前的主流市场具有很强的竞争力，同时可以给企业可持续竞争力的形成带来基础保障（Christensen，1997）。自"颠覆性创新"概念被提出后，众多学者从不同角度去尝试分辨和界定其内涵，如 Thomon 等（2002，2003）从商业模式的角度认为，颠覆性创新是根据竞争市场和制定战略的过程进行商业模式的创新，通过商业逻辑的重新设置（如把收费的东西改为免费的模式、把线下销售渠道变为线上销售渠道等），进一步迎合一部分客户的深度需求甚至引导客户消费习惯的变革。而从产品本身的角度看，颠覆性创新又是通过创造出一种市场上从未出现过的全新产品或是能够将市场原有的产品进行技术突破使其性能得到大幅度提高和改善。从上述观点来分析，学术界对颠覆性创新的研究一般分为技术和产品、产业和市场两个角度（Kotelnikov，2001）。Schumpeter（1934）认为，颠覆性创新是对原有市场和相关的产业运用和以前完全不同的经营模式，以创新的产品、生产方式对产品做出翻天覆地的改造。Tushman 和 Anderson（1986）认为，在技术上是否可以实现重大突破是界定颠覆性创新的关键所在，而且在技术上可以使新产品的功能得到大幅度超强提升，如创造出新产品或者新工艺。

按照 Christensen（1997）的观点，颠覆性创新发源于非主流的市场，但能对现有的主流市场带来极大的破坏力，颠覆性创新也能通过对产业的规制以及对产业价值链的破坏来为创新企业带来竞争力。而且，颠覆性创新可以驱动企业快速成长，因为它可能使产品出现新兴市场并且通过对业务链的创

新为企业带来全新绩效。所以，可以说产品的性能得到大幅度提高是颠覆性
创新的重要标志，它对市场规则、原有市场的竞争以及产品产业链都有必然
性影响，颠覆性创新或许会使整个行业进行重新洗牌（付玉秀和张洪石，
2004）。从战略管理理论的角度来看，颠覆性创新对中小企业技术创新、建
立新的行业规则、提高核心竞争力、破坏现有企业这四个竞争角度进行了研
究。企业进行颠覆性创新的过程在一定程度上描绘了企业的成长轨迹，也是
其核心竞争力和破坏力的扩散过程的行动路线。

（一）颠覆性创新和渐进性创新的差异

拥有主导地位的在位企业一般会选择渐进性创新，因为这些企业一般具
有较为稳定的市场份额和较为成熟的技术，他们对那些具有高市场破坏性、
高技术投入的颠覆性创新往往不感兴趣。颠覆性创新对市场的高破坏性以及
对市场原有规则的打破，导致原有利益集团受到严重损害（Thomond & Lettice，2002）。进行颠覆性创新的企业具有较强的创新能力、冒险精神以及探
索精神，而渐进性创新则更多地要求企业拥有丰富的资源和对现有技术持续
研发的能力。二者在产品研发、工作能力、资源投入、设计方向也有很大差
别（Veryzer，1998）。所以，颠覆性创新和渐进性创新对企业资产及创新能
力的要求存在明显差异。

（二）颠覆性创新和突破性创新的差异

企业进行颠覆性创新决策是一个博弈的过程，即不断利用企业的资源和
技术去替换企业中原有的优势，也就是企业进行自我革命的最优化选择（张
春辉和陈继祥，2011）。在以往的认知中，很多学者对颠覆性创新概念的理
解等同于破坏性创新，而万宁（2015）认为，突破性创新与颠覆性创新其实
有着较大的差异，因为突破性创新是以技术维度为中心的创新思维，而颠覆
性创新是以市场为中心的创新思维。抢占原有市场在位企业的客户、资源以
及市场份额，并破坏市场规则是颠覆性创新的表现形式，其核心本质是新兴
企业通过产品或服务的研发革新以及商业模式的突破，打破原有的市场规则，
从而抢占一定的细分市场份额（见表2-1）。

表 2-1　颠覆性创新和突破性创新

	颠覆性创新	突破性创新
入侵方向	从下至上	从上至下
特点	非竞争性	长期性
	初始阶段低端性	随机性与偶然性
	简便性	高风险性
中心角度	细分市场和产品价值	技术
创新关系	维持或改良在位企业创新	处于创新前段
技术	原有技术改良	技术发展前端

第三节　本章小结

　　本章主要对高管团队注意力和企业颠覆性创新的概念进行界定。通过梳理当前相关文献，将高管团队界定为组织中主要承担战略决策职责的高层管理者所组成的团队，其成员也是决定组织未来如何发展以及影响组织绩效的核心群体。在现代公司治理结构中，高管团队属于公司的执行层，其职能主要是执行公司的重大决策，如果公司的委托代理方面程度较低，或者说股东会、董事会与高管团队的重叠程度较高的话，高管也是公司的最高权力机构成员以及重大决策的制定者。所以，本书认为高管团队一般包括董事会成员、总经理、副总经理以及其他共同参与战略决策的高层管理者。高管团队成员依据自己的知识、经验和技能对企业经营进行管理，实现企业经营目标。当企业面对复杂多变的决策环境时，管理者自身所拥有的知识储备不足以及智力方面的限制，导致他们对事物的认识是有限的；高管团队影响企业战略的制定和实施，而企业战略决策的失误将会对企业生存造成直接影响。

　　颠覆性创新主要是指当一个新产品在进入市场时，并未最先选择主流市场，而是选择低端市场（低收入客户群）进入，这个产品可能价格更低、功能更简单、质量也不完善，甚至没有良好的客户体验，但是它总是具备某些消费者青睐的特质，如更为轻盈的体积、更快的运行速度或其他独特的性能。随后，该新产品不断完善进而刺激市场需求，它将从低端市场蔓延到高端市场，最终将该市场原有产品彻底替代（颠覆）。

对颠覆性创新的核心含义的理解主要表现在对"颠覆"内涵的把握上。而且它的字面意思也同样具有一定的吸引力，因为无论是从事实业的企业家还是从事理论研究的学者，似乎这个充满震撼力的词汇都会吸引到他们的关注，因为这个表述的背后往往隐藏着一个企业逆袭的故事，让人感到兴奋。

一个默默无闻的企业，在一个被巨头忽视的低端市场中挣扎求生。但是，这家企业有一项绝活，可以改变整个行业的历史。此时的巨人还沉浸在自己辉煌的过去中，丝毫不理会正在逼近的危险。直到新兴公司依靠颠覆性技术占领市场，巨头们才奋起反击，但为时已晚①。

颠覆性创新与一般性创新的本质区别是出现了"基因突变"以及市场的运行路径和市场价值的全新改变。颠覆性创新通过对新市场进行低端侵入，并且不断提高顾客的接受程度和满意度，从而改变目标群体的评判标准，以此来达到颠覆整个市场规则的目标，而其他的一般性创新不会离开原有的市场运行路径，市场原有在位企业在面对颠覆性创新的冲击下，既想在新的市场分一杯羹，又不想承担原本利益受到损害的风险。因此，在不断纠结的过程中，原有在位企业会被拥有颠覆性创新技术的新企业所取代。介于颠覆性创新不需要大量的资源和经验，在现实案例中，后发新兴企业更容易促使颠覆性创新成功。而一旦进入主流市场，就会破坏原有的市场竞争规则和价值体系，这样的颠覆性影响往往深远且深刻，更能够改变社会消费模式和引领产业的革命。克里斯坦森在其著作《创新者的困境》中提到，基因最大的特点是十分乐于并且忠实地复制自己，将自己的基因得以延续从而支持生命的基本构造和基本性能。若企业将自己原有的基因作为核心去进行技术创新，则认为是属于基因延伸性技术创新。而颠覆性创新的出现往往是因为企业为了更好地适应外部环境而发生的"基因突变"和"基因进化"。

---

① 来源于深圳生活网，https://www.szbubu.com/2896339.html。

第三章 理论基础

第一节 高管团队注意力相关理论

一、高阶理论概述

Hambrick 和 Mason 于 1984 年发表的论文《高阶：组织作为高层管理人员的反映》开启了高阶理论研究的进程。之后，Hambrick 和 Mason（1984）对高阶理论的产生与发展进行回顾性评述时，把高阶理论的核心要义概括为"高层管理人员对其所面临的情境和选择做出高度个性化的诠释"，并以此为基础采取行动，即高层管理人员的行为中注入了大量自身所具有的经验、性格、价值观等特征（史密斯，2010）。高阶理论的核心思想有两个相互关联的部分：第一，管理人员基于他们面对战略形势的个性化解释做出行动；第二，这些个性化的解释取决于管理者的个人经验、价值观和个性（Hambrick，2007）。Hambrick 和 Mason（1984）的开创性成果自发表以来，相关学者对高管的研究引起极大的关注。除此之外，其他学者也强调企业的 CEO 或高管团队在企业创造与获取价值中扮演着至关重要的角度（Burgelman & Grove，2008；Buyl et al.，2011）。鉴于公司高层管理团队在确定公司未来战略方向有很大的自由裁量权，所以，如果想了解企业为什么要如此决策，对其高管的认知和行为方式以及其注意力分配的关注是非常必要的（Child，1972；Hambrick，2007）。

综上所述，高阶理论是将高层管理人员的认知转化为行为的信息甄别过程。在这个过程中，高管面对组织内外纷繁复杂的事件、对象和变化趋势的行为称为"高层取向"，其内容包含了高管的心理因素与可观测到的经验。高管以高层取向为基础，通过对所有感知到信息的甄别和过滤而产生对现实的诠释。在信息筛选过程中，高管人员的取向会影响其注意力和洞察力的范围，而在有限的注意力范围中，其认知将进一步受到限制，直到在此基础上对现实赋予意义或做出反应（史密斯，2010）。

二、高阶理论的内容

2010 年由战略管理研究领域著名学者肯·史密斯（Ken G. Smith）和迈克尔·希特（Micheal A. Hitt）出版的 *Great Minds in Management：The Process of Theory Development* 中关于"高阶理论的起源、迂回与教训"的内容，总结了高阶理论的核心，其要义在于，高阶理论的构建可以描绘为有限理性下战略选择中对企业高管人员进行的现实诠释（Cyert & March，1963；March & Simon，1958），即组织高管的心理因素及现实经验因为受限的洞察力做出选择性认知，从而做出相应的战略决策，输出组织绩效的理论构建过程（Hambrick & Mason，1984），高阶理论是将高层管理人员的认知转化为行为的信息甄别过程。高管面对组织内外纷繁复杂的事件、对象和变化趋势的行为称为"高层取向"，其内容包含高管的心理因素与可观测到的经验。高管以高层取向为基础，通过对所有感知到信息的甄别和过滤而产生对现实的诠释（史密斯，2010；李寅龙，2019），如图 3-1 所示。

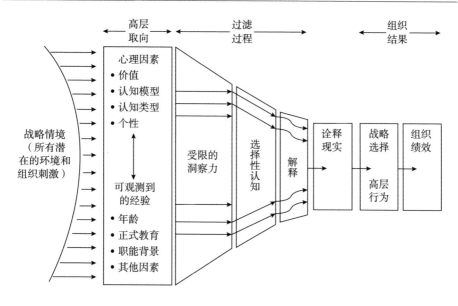

图 3-1 有限理性下的战略选择：高管诠释的现实

资料来源：Hambrick 和 Mason（1984）；肯·G. 史密斯和迈克尔·A. 希特（2010）。

三、注意力基础理论

1. 注意力基础观

注意力基础理论多数情况下是以"注意力基础观"的方式呈现，其英文翻译为"Basic View of Attention"，业内普遍认为以 Simon 等战略管理学者为代表的卡内基·梅隆学派在决策者有限理性假设前提下为注意力相关理论研究做出重要的贡献（Gavetti & Levinthal，2004）。Simon（1963）主要研究了注意力的渠道、结构以及注意力配置。Cyert 和 March（1963）与其他学者在研究组织决策制定中对注意力配置问题进行了深入探讨，其中涉及的主要问题包括注意力惯序理论、模糊选择理论中的注意力结构等。从 Simon 在管理者决策过程中对注意力做出新的诠释以及后来的学者分别从注意力的内容和注意力研究的过程来界定注意力的概念之后，注意力的概念在组织行为理论与战略管理和决策理论中受到了更多的关注。Simon（1962）将决策等同于管理的内涵中包含了决策者如何配置有限注意力的重要隐喻，因为对管理者而言，其决策的情境中从来就不缺乏信息，而缺乏对信息的有效处理，或者说有限理性的决策者只能部分关注其周围的信息，并从中汲取对他们决策有利的情报，这也是有限理性在决策理论中作为假设前提的重要观点（曾宪聚等，2009；李寅龙，2019）。

注意力基础观作为一个理论成熟的标志之一，是 Ocasio（1997）发表在 *Strategic Management Journal* 上的文章，该文阐述了注意力基础观的理论内涵并讨论了企业的行为是如何引导和分配决策者的注意力的结果。换句话说，企业高管关注什么样的问题和答案取决于他们所处的特定决策情境、企业的决策规则、资源以及问题和答案的各种分配程序和关系。注意力基础观的提出为组织行为理论与组织适应性理论奠定了基础，这些思想与 Simon 提出的高管人员在决策的制定过程中建立决策者注意力的方法有机结合在一起。Ocasio（2011）在注意力基础观中对注意力概念的阐述与 Simon 在组织理论与决策理论中关注的注意力在释义的重点及方向上存在一定区别，Ocasio 更强调注意力形成的过程，而 Simon 更多地关注决策者对组织中下属的控制力来源。虽然他们在注意力理论形成的不同阶段对注意力理论形成的贡献不同，但并不会影响这些学者在积极推动注意力基础观理论构建过程中的重要作用。而且，在他们的研究基础上，更多的学者将注意力基础观作为基础理论应用到理论和实证研究中（Barnett，2008；Bouquet et al.，2009；Sullivan，2010；曾宪聚等，2009；关斌和吴建祖，2015；李寅龙，2019）。

综上所述，Ocasio（1997）全面阐述了注意力基础理论，主要探讨企业的行为是如何引导和分配决策者的注意力的结果，决策者做出何种决策取决于他们关注的问题和答案。他将管理者注意力定义为对某一特定主题、问题、机会和威胁以及特定技能、流程、计划、项目和程序等在时间和精力上的分配，并且确定以注意力为基础的三个原则：

（1）管理者的行动与其关注的重点存在很大的关联。

（2）管理者的注意力往往是嵌在特定情境之中的，而且这种情境会影响从关注到决策的整个过程。

（3）注意力呈结构化分布。

2. 注意力分类

注意力的分类可以从认知科学研究领域对注意力的研究层面与形成机制中找到根源。Ocasio（2011）归纳性地识别了三种不同形式的注意力，即选择性注意力、警觉性注意力以及执行性注意力。警觉性注意力是决策者始终保持对特定刺激关注的注意力过程。在这个过程中，决策者会在某个决策信息信号显示节点上设置其关注的信息阈值或某种刺激的信号，一旦这种信息阈值出现异常或者某种刺激信号出现就会引起决策者的关注。在组织变革决策中，警觉性注意力对高管的决策有很强的影响（Ashby & Rakow，2016）。执行性注意力是决策制定、冲突解决及战略规划的中心（Kaber et al.，2011）。执行性注意力会将认知资源配置到决策主体在处理外界信息过程中对不同模式数据的感知中，并不断补充识别刺激过程中丢失的信息片段。当决策目标不清晰、没有明确的行动任务计划及多个决策目标之间存在冲突时，执行性注意力会指导决策者的认知模式和具体行动来处理相关的异常情况。

第二节　企业颠覆性技术创新理论

近年来，颠覆性创新成为各国学者及企业家关注的热点话题。关于颠覆性创新的概念可以追溯到古印度时期，印度教的湿婆神（Shiva）被认为既是毁灭神又是创世神，这成为日后西方政治经济学中颠覆性创新的灵感来源。

一、企业颠覆性技术创新的理论基础

（一）颠覆性创新理论的产生及分类

颠覆性创新理论是由哈佛大学商学院的商业管理教授 Christensen（1997）提出的，他指出这一理论是从新市场或者低端市场开始产生并发展而来的，所产生的产品与服务和主流市场存在很大区别，甚至可以说与主流市场的发展趋势背道而驰。颠覆性创新分为截然不同的两种类型，包括新市场颠覆和低端市场颠覆。新市场颠覆，是指在人们为了满足某个需求或为实现某一目的，但由于现有产品价格高或性能复杂等各方面因素不能满足人们需求和实现其工作目的的背景下，人们往往会选择不去消费其现有产品，进而选择进入其他市场进行替代消费，此时，新市场颠覆的产品以价格便宜、质量保证、使用方便、产品富有特色新颖等优势吸引广大顾客，恰好满足他们需求，帮助顾客做他们更想做的、更容易和更有效的事情。这样，在推力和吸引力的共同促进下，消费市场由原先主流市场向新市场转移。另一种颠覆性创新是低端市场颠覆，它是指在主流企业不看好或者是注意力比较薄弱的产品市场上查找在位企业忽视的边缘产品市场，例如，在主流企业资金、资源、技术、人力等投入少的产品市场上，同时在进入市场之初也因有限资源而专攻某一产品领域从而拥有部分边缘消费者的机遇下，专注于低端市场的产品，且产品能够达到足够好的程度，以低成本、廉价、性能完善、消费方式简单便利等优势满足低端消费市场的消费需求，甚至是吸引潜在消费者，逐渐夺走原产品的主流市场用户，蚕食其广阔用户市场，使原有企业在其市场竞争中失去优势，最终被颠覆性创新者所淘汰（申庆岚和程家兴，2020；谢懿格，2020）。

Christensen（1997）提出颠覆性技术与维持性技术概念时，曾指出其为颠覆性技术提供了一套不同的性能属性，客户在开始时并不看好这套属性，且客户当前看好的现有技术会被迅速改进，以致这项新技术随后能够进入主流市场。之后，Christensen（2006）又提出了新市场和低端市场商业模式的企业颠覆性技术创新。其中低端市场商业模式的企业颠覆性技术创新表明现有产品是否可以更新到最佳性能而且可以创造出多种不同的商业模式。而新市场的企业颠覆性技术创新是基于创新技术的产品和服务针对的目标客户由于缺少资金和技术而无法被满足需求，且创新技术为那些喜欢简单产品的客户提供服务，而且创新技术可以使目标顾客简单高效地完成工作。

（二）颠覆性创新理论的发展历程

颠覆性创新理论从最初的概念内涵到创新理论指导实践，经历了技术创新、模式创新、组织创新、价值创新等过程，涉及层面从单一企业具体产品技术到多产业联合合作发展。在颠覆性创新理论发展过程中，已经积累了丰富的研究成果，但是依旧存在一些不足（张光宇等，2021）。且颠覆性创新的本质特点是在新想法、新技术产生时，大多数人持不理解、不赞同甚至不看好嘲笑的态度，颠覆性创新理论容易被扼杀。因此，需要对颠覆性创新理论予以包容、理解、支持态度，如此才能推动产品技术创新发展实现质的飞跃。对颠覆性创新理论演化的理解可以参考李寅龙（2019）关于破坏性创新理论演化的描述（见图3-2）。

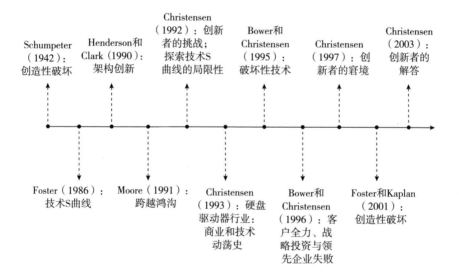

图3-2　破坏性创新理论演化的时间轴

资料来源：李寅龙（2019）。

二、企业颠覆性技术创新理论概要

Christensen（1997）在其著作《创新者的窘境》中关于破坏性创新的内容奠定了企业颠覆性技术创新理论的主要内容。与其说是颠覆性创新理论，不如将其理解为一套创新思维方法，就像 Christensen 曾接受采访时表示："我经常说，我没有战略可以告诉你，我只有一套理论；我无法告诉你该怎么做，只能教你怎么想。英特尔和柯达的案例都与'颠覆性创新'有一定的关联，不是理论或战略的执行者有问题，关键是，是否把理论变成了公司内共有的一套语言和思维方式。"

对上述关于颠覆性创新理论表述高度认同的企业家是英特尔公司的共同创始人之一安迪·葛洛夫（Andy Grove）①，他曾表示，在英特尔公司内部，他们把颠覆性创新称为"克里斯坦森效应（Christensen Effect）"。

本书总结了 Christensen 在其著作中关于颠覆性创新理论的主要内容，其要点主要包括两方面的内容：一是企业颠覆性技术创新的来源；二是企业颠覆性技术创新的变革。

（一）企业颠覆性技术创新的来源

关于对企业颠覆性技术创新的来源的解释，Christensen（2006）从分析大型企业为什么会失败着手。通过构建企业失败的框架他发现，第一，"维持性技术"与"颠覆性技术"存在重大战略差异；第二，技术进步的速度可能远大于市场需求；第三，较为客观的财务状况是一把"双刃剑"，它给企业带来源源不断的现金流，使企业高管在决策的时候更加倾向于投资他们熟悉的业务，或者那些成熟的客户对他们的吸引力更强。

Christensen 构建了失败企业的理论框架后重塑了企业的价值网络与创新推动力。通过分析企业价值网络以解释企业在颠覆性技术方面失败的因素，从而给出价值网络对企业进行颠覆性技术创新的意义。最后通过发生在挖掘机行业验证了颠覆性技术对传统技术的冲击就像在硬盘行业显示的那样，同样具有难以抗拒的力量。

（二）企业颠覆性技术创新的变革

关于企业颠覆性技术创新变革的内容主要涉及对颠覆性技术创新的管理。从时间的角度来看，企业颠覆性技术创新具有时效性，换句话说，任何一项被视作颠覆性技术创新的技术随着时间的推移都将成为维持性技术，然后再

---

① 安迪·葛洛夫（Andy Grove）：这个有着传奇色彩的企业家在其职业生涯中赢得了业界广泛的尊重，其 1963 年毕业于加利福尼亚大学伯克利分校，安迪·葛洛夫与罗伯特·诺伊斯、戈登·摩尔共同创立了 Intel 公司，其主要著作有《只有偏执狂才能生存》《人人都是管理者》等。

等待新的颠覆性技术的出现。这部分关于企业颠覆性技术创新理论的主要内容涉及五个方面的内容：确定颠覆性技术创新性的机构、确保颠覆性技术创新机构与适应市场的需求、继续寻找新的颠覆性技术、反思及弥补现有机构的缺陷、颠覆性技术产品的性能适应市场的需求以及其生命周期。

三、企业颠覆性技术创新的特性

（一）企业颠覆性技术创新的技术特征

Christensen 和 Anthony（2004）认为，颠覆性应该被理解为一个相对性的术语，对一个行业具有破坏性的创意可能对另一个行业是维持性的。通过对历史案例的研究，总结了企业颠覆性技术创新的特征主要包括：基于不同技术轨道、能够满足未被在位技术所发掘的潜在需求、竞争优势长期保持、早期颠覆性技术主流性能处于劣势、早期颠覆性技术立足低端市场、在位企业对早期颠覆性技术更加敏感、在位企业无法采纳早期颠覆性技术、处于性能供应效率较高阶段、主流性能会不断改善。

通过梳理相关学者对企业颠覆性技术创新特征的研究，本书将其归纳为以下六个方面：

1. 企业颠覆性技术创新具有不可预测性

企业颠覆性技术创新无论在技术上还是在市场上都具有高度的不可预测性。一方面，技术上的不可预测性。因为技术创新离不开知识、技能、经验的指导，而企业颠覆性技术创新，缺少知识经验的验证，因此技术因素缺乏稳定性。因此，企业颠覆性技术创新是一种沿着新的技术轨道发展的，用于评判延续性创新的规则并不适用于企业颠覆性技术创新，因此其发展是不可预测的。另一方面，市场上的不可预测性，企业颠覆性技术创新在初期有一部分性能是与客户需求背道而驰的，即使有一些被边缘客户认可的性能，但是它最终是否可以被主流市场认可是未知的，就像 Christensen 所说的："没有人（不论是产品研发者还是客户）能够在真正使用之前了解颠覆性技术是否能够投入使用或者使用量有多大。"所以，企业颠覆性技术创新在市场上同样具有不可预测性。

2. 企业颠覆性技术创新的目标市场具有非主流性

企业颠覆性技术创新的概念被提出后，学者们认为企业颠覆性技术创新的最初目标市场为新市场和低端市场。然而，近些年对于该论题有了新的观点。世界上第一台液晶电视机由日本夏普于20世纪70年代制造，液晶电视机在出现时初始定价极高完全不被主流市场接受，但其体积小和画面质量好等性能却满足了高端市场的需求，该市场客户具备很强的支付能力，现有产品的持续性改进始终无法满足其需求偏好，且对新的产品性能的接受度很高的特征。因此，液晶电视机技术得以发展，最后侵入主流市场。Goole Adwords① 之所以成功就是因为其进入门槛极低，如果厂商们想在雅虎发布广告至少需要支付 5000 美元，而如果在谷歌发布一个广告仅需要 100 元。因此，在 Adwords 服务刚起步时，就吸引了大量的无力支付雅虎巨额广告费用的初创企业。可以看出 Adwords 与雅虎的目标市场有着极大的不同，Adwords 的目标客户呈现低端性，而雅虎反之。由此可见，企业颠覆性技术创新的最初目标客户往往不是主流市场，而是低端市场、新市场以及高端分离市场，正是因为这种特征，才会被主流企业所忽略，采用企业颠覆性技术创新的新兴企业才有机会入侵，从而逐步向主流市场迈进。

3. 企业颠覆性技术创新具有潜在竞争力

希捷公司成立于1980年，1986它的年收入超过7亿美元，当时看来基本属于最成功的、管理最先进的公司之一，该公司率先开发出了5.25英寸的硬盘驱动器、IBM 以及可与 IBM 兼容的个人计算机制造商是它的主要供应商。1985 年，希捷公司的工程师开发出了 3.5 英寸驱动器，但是其主要客户——IBM 及其他 AT 级个人计算机制造商，对这个新产品毫无兴趣，因为 3.5 寸硬盘驱动器的存储能力只有 10 兆字节，而客户的下一代产品需要装配 40 兆字节和 6 字节的驱动器，希捷公司的新产品远远不能满足客户的需求。因此，营销部门并不看好其销售量，而且生产部门和财务部门也从成本角度

---

① Adwords 指的是搜索引擎 Google 的关键词竞价广告，又称"赞助商链接"，中文俗称"Google 右侧广告"。Adwords 是一种快速简单的、致力于购买广告的服务，通过使用 Google 关键字广告或者 Google 遍布全球的内容联盟网络来推广网站的付费网络推广方式。

否定了新产品。这个结果导致新产品的研发人员非常失望，于是纷纷离开希捷公司，共同创办了康纳外围设备公司，主要业务是为新兴的公司提供用于便携式计算机和小型台式机的3.5英寸驱动器。通过不断创新，康纳外围设备公司的研发人员每年将驱动器的存储能力提高50%，到1987年，3.5英寸驱动器具有了个人计算机主流市场所需要的存储能力，以体积小而存储空间大的特性冲击到希捷公司的主流市场，这时的希捷公司由于专注于发展5.25英寸硬盘驱动器使其生产能力大大落后，最终龙头老大沦为计算机新市场上的二流供应商。从这个案例可以看出，颠覆性技术起初会被一些公司认为销售量及利润率颇低，但通过技术创新及性能持续优化，将表现出巨大的竞争力。因此，企业颠覆性技术创新具有操作简单、使用方便、功能新颖等可以超越现有技术但未被重视的潜在竞争力。

企业颠覆性技术创新出现在主流技术性能供应需求边际效应下降阶段。手机短信业务诞生于1992年，自业务开展以来创造了5000亿美元的收益，但是近年来，短信业务量已逐渐没落，原因可归结于微信的诞生，本书针对短信业务的分析发现：第一，短信的资费较高；第二，短信的业务形态注定了垃圾短信的不可避免，而微信需要验证设定就自然屏蔽了垃圾短信；第三，短信只可发送文字，其余信息载体都不被支持，而微信支持图片、语音、视频以及网址分享等多种形式。特别是语音发送功能，其极大地方便了文化素质较低和对书写发送文字排斥的客户。所以，在微信等即时通信方式出现以前，短信就已经不能满足客户的需求了，即时通信这项企业颠覆性技术创新大大满足了客户需求，顺利占据原属于短信的主流市场。

4. 企业颠覆性技术创新具有客户价值导向性

企业颠覆性技术创新可以帮助目标客户更好地工作与生活。在美国，一些人为了获得本地生产的新鲜食物而大费周折，因为农夫集市只在每周定时定点举办，而临时有事错过时间点就无法参加。CSA农场（社区支持农业农场）的配送则是另一种选择，但是每周菜品的搭配却不会那么灵活，也是一个弊端。针对这些问题，一家新型农产品电子商务网站Farmigo将农夫市集上食物的可选择性和CSA零售终端的便利性结合起来，他们采用了一种将消费者以"食物社区"为单位和当地小农场连接起来的营销模式，这样不仅解决了无法获得多种新鲜蔬菜的问题，还解决了食品电商的物流成本和仓储费用高的经营问题。Farmigo 一出现就受到了许多消费者和农业生产者的欢迎，这种运营模式的成功，非常重要的一个原因就是极大程度地响应客户需求，为顾客创造价值，以顾客价值为导向开拓产品特性。因此，企业颠覆性技术创新要具备以客户价值为导向的特征。

企业颠覆性技术创新出现初期，主流企业由于现有市场份额、当前产品销售收入及专有技术投资等问题不愿意投入。首先，处于领先地位的公司一般都有较为成熟的市场运作方案，有明确客户需求、能够对当前技术发展趋势进行有效预判、可以有效地评估其盈利能力、向各项投资的预算提案划拨资源以及将新产品推向市场，这些都是针对当前客户、当前市场而设计的，但是企业颠覆性技术创新的一个特征是不被主流市场所接受，而领先企业更愿意倾听现有客户的意见，在预测技术发展趋势时，会以消极的态度去评估新技术下生产的产品。其次，企业将主要资源用来满足现有客户的需求并遏制竞争对手，而企业颠覆性技术创新在起初发展时，需要大量的研发成本和技术资源，企业仅愿意将多余的资源来进行颠覆性技术的研发，因为根据理性投资流程，企业颠覆性技术创新的低利润率无法说服企业将资源从现有市场已知的客户需求转向一个未来缥缈的市场。

5. 企业颠覆性技术创新具有一定的突破性

企业颠覆性技术创新往往是沿着新的技术轨道推进的，它与原有技术的轨道不同，企业颠覆性技术创新的产生通常需要应用新的技术原理并且具备高技术含量，会突破技术间断点，它完全颠覆了现有技术的存在，并对现有的社会价值和市场秩序进行颠覆。

6. 企业颠覆性技术创新的相对性竞争性

企业颠覆性技术创新被认为是一个相对的概念，一项技术不可能在所有行业都表现出突破性和颠覆性，可能对一家公司属于企业颠覆性技术创新，而在另一家公司则是维持性创新。例如，互联网销售模式对于一贯采用电话销售的戴尔来说是维持性创新，而对于使用零售模式销售的惠普和 IBM 来说就产生了颠覆性的影响。

（二）企业颠覆性技术创新的时代特性

研究发现，企业颠覆性技术创新除了一些技术特性的特征外，还包括时代特征。可以从时间和空间两个维度阐述。首先，时间特征方面。从 18 世纪英国的工业革命到相隔百年后的"电气时代"，再到现在的计算机时代，我们发现技术替代的周期刚好为 100 年，而第三次产业革命以来，技术替代的周期似乎在缩短。从 1946 年计算机问世到 20 世纪 90 年代互联网普及花费大概半个世纪的时间，20 世纪末的新经济时代却仅持续十余年，3D 打印、人工智能与智联网已将互联网概念下的产业进行了新一轮的升级，近年来的大数据、区块链、量子通信技术又兴起了企业颠覆性技术创新。从 100 余年到 50 年左右再到 10~20 年的周期，我们发现颠覆性技术迭代的周期在缩短，但其迭代的效率却在提高，而且它对于产业的影响越来越大。其次，空间特征方面。企业颠覆性技术创新可以发生在企业的各个部门、各个环节，各个过程包括思想产生、设计展示、生产加工、营销推广、业务拓展、市场成熟等一系列过程。从一个想法诞生到任何一个环节和方面整个价值链的形成，都可能承载着企业颠覆性技术创新的元素（刘文勇，2019）。

总之，企业颠覆性技术创新的产生和发展离不开社会需求，这些社会需求包括要满足的新兴市场的需求和技术发展的需求。企业颠覆性技术创新在初期是存在缺陷且不被主流市场接受的。尽管如此，当新技术在应用于相应的新的领域时，其性能满足新兴市场的需求，而存在缺陷的特性在未来发展过程中会进行不断改进，企业颠覆性技术创新会突破新兴市场而侵占主流市场，使传统技术成为历史。此外，随着技术性能增长的放缓或者停滞，传统技术可以产生的社会价值和影响将趋于稳定，而市场竞争力也将被全部消耗，因此为了使社会发展进步，就需要出现一种新的技术来进行突破和颠覆。

四、颠覆性创新理论对中国企业的适用性

（一）颠覆性创新背景下中小企业的生存模式

国家市场监督管理总局发布的统计数据显示，截至 2013 年 6 月底，全国各类企业总数是 5038.9 万家，其中中小型企业是 4031.6 万家，占企业总数的 80%。由此可见，中国中小型企业数量庞大，占据市场主体的大多数，已成为国民经济的重要支柱，是经济持续健康发展的基础。中小企业的主要模式是新创企业通过颠覆式创新技术（商业模式），在一些领域突破并打败在位领先企业，进而渗透其他领域，并在市场上获取竞争优势。就像 Christensen 所说的那样，企业刚开始都是从微不足道的市场开始发展，在发展的过程中有些企业获得颠覆性技术突破从而成为一个该领域的领先企业。但是，有些企业却就此消失了。

（二）基于技术创新和商业模式创新的耦合分类

根据企业技术创新和商业模式创新的耦合程度，按照技术创新度、市场占有率、商业模式成熟度、企业文化深远与否等，可以将企业分成两种类型，分别是在位企业和后发企业。在位企业与后发企业在市场竞争所具有的特征、所存在的优劣势，所扮演的角色均不一样。以下是关于这两类企业的具体分析。

1. 在位企业

在位企业是指在市场竞争中占有领先地位的企业。它们具有丰富的组织资源和人力资源、组织规模较大、拥有稳定的组织管理机构和模式、企业文化对员工观念影响比较深远等特点。这类企业在发展的过程中已经形成了独特的核心竞争力优势，并且培养了一大批忠诚的顾客，这个顾客群体是其他企业难以抢夺的市场。由于在位企业在资源技术和品牌影响力等方面所拥有的优势，它的产品性能和服务也能够极大程度地满足顾客需求，这在一定程度上更加保持并扩大了其客户资源。在高市场占有率的情况下，产品也极为畅销，所获取的产品利润也非常丰厚。但是，在位企业由于具有成型的管理机构和丰富的成功经验，这些固有的模式在给其发展带来积极的作用的同时也成为它的软肋，导致决策流程相对复杂，审批时间变长，很容易由于决策的拖延导致错过发展机遇。且容易固守成规，不愿变通，在创新变革的时代背景下，容易相信以往的成功经验，不愿意也很难做出变革和创新的决策。

2. 后发企业

后发企业是相对于在位企业而言的，其市场势力相对比较小，市场地位较低。通常情况下，后发企业缺乏资金与技术等方面的资源，竞争实力较弱，也没有定型的管理机构。而且，由于自身的资源劣势以及在位企业占据大部分市场资源，拥有大部分忠诚客户，后发企业在市场竞争中一直处于劣势地位。但是，在面临市场发生剧烈波动时，后发企业的灵活性强，具有特色优势，善于发现本企业发展潜力，观察内外部环境，把握和利用机会。那些积聚了巨大创新力量的后发企业能够不断地调整自己的经营活动，制定适合本企业发展的经营战略；并且可以以相对薄弱的资金、技术、人才等竞争劣势转化为竞争优势，进而获取市场占有率。

（三）颠覆性创新理论对中国企业的影响

1. 颠覆性创新理论的中国实践

中国经济快速发展时期，很多企业缺乏核心技术积累，在商业模式上也未进行革新。因此，中国企业采取学习并引进西方技术进行商业模式创新，进而获得市场，实现自身发展，这种模式因为巨大的中国市场而得以成功。另外，随着技术的进步，创新对于经济发展和技术变革的作用不容小视，人们日益认可并看重技术创新可以给经济发展带来质的飞跃。单纯地靠模仿与学习带来的效果难以使企业发生革命性的变化，这一模式也容易使企业再次陷入落后的局面，并陷入引进—落后—再引进—再落后的循环中。因此，迫切需要一种新的创新模式产生，为中国企业发展技术革新、模式突破、产品更新提供新的发展机遇（尹西明等，2020）。

颠覆性创新是拥有较少资源的企业，出于现有条件制约起初将市场定位于隐形的、潜在的新市场或非主流消费市场或曝光度低的市场，随着其产品质量和服务性能的提高，最终吸引主流消费者，促使其顾客市场转移的过程。它起源于主流市场的低端市场或新市场，这符合中国企业发展所处市场的典型特征，因为与发达国家领先企业相比，大多数企业属于中小型企业，也是后发企业。中国市场为企业发展提供了颠覆性创新的肥沃土壤，为其后发企业带来了巨大的市场机会。同时，部分领先在位企业，在后发企业的冲击以及自身墨守成规、不肯变革的作用下，最终付出了沉重的代价。因此，颠覆性创新理论在中国企业技术变革中具有巨大的实践意义，它与中国具体企业发展实情相适应，可以为中国企业弯道超车提供新的机遇，提供新的切实可行的战略思路和实现路径，也可以用来考察一些企业是否能经得起时代的检验，对于中国企业的发展具有重要的理论意义与实践价值（张枢盛和陈继祥，2013）。

然而，颠覆性创新理论在中国的应用并非一帆风顺，它并不是一开始就得到了中国企业的接受和认可，而是循序渐进地被企业家所接受，大致分为三个阶段：

第一阶段：1978～2000 年的改革开放时期。中国劳动力市场丰富廉价，消费市场广阔，拥有巨大的市场前景。在此利好环境和条件支撑下，中国企业积极吸引跨国企业进行投资，这个阶段企业多数停留在向技术发达的跨国企业模仿学习的阶段，对于颠覆性创新理论理解以及运用上存在很大的差距。

第二阶段：2000～2010 年的高速发展时期。随着党和国家提出走创新发展道路，对处于价值链中低端的后发企业来说，无疑是为其进行创新提供了一个宽松、自由、稳定、富有创新精神的外部环境，并且给予了政策支持。尽管有限的资源会限制企业的发展，给企业带来一些不利的影响，但中国企业仍然可以扬长避短，弱化其自身劣势带来的冲击，将其自身劣势转变为竞争优势，结合走自主创新和开放型创新路线，在了解并认可低端市场的颠覆型创新对商业模式的影响下，开始慢慢改变原有规则和模式，试图进行商业模式创新，进而为企业突破发展注入新的活力。

第三阶段：2010 年至今的转型升级时期。企业颠覆性创新在多领域得到拓展，并逐渐由微观转向宏观，进而扩展到制定颠覆性创新战略，利用颠覆性创新技术战略，加速产业转型升级，加强对环境的动态变化监控，以能够监测并应对内外部环境破坏性、技术不确定性等问题（王猛，2019）。

2. 中国企业颠覆性创新的路径依赖

颠覆性创新起源于主流市场的低端市场和潜在的、难以被普遍发现的新市场，其实质是企业通过向低端市场或新市场的顾客提供创新型且客户满意度高的产品，占领被忽视的非主流市场，侵蚀在位企业占据的主流市场。

（1）在位企业的路径依赖。在激烈的市场竞争中，在位企业因具有丰富的人才、技术、资本等资源优势，在市场竞争中处于领先地位。但在一定程度上，在颠覆性创新面前却物极必反，如果不能把握优势，其优势也将转变为劣势。庞大的组织规模、固化的组织结构、根植于心的企业文化理念等，在一定程度上会导致企业决策层被以往经验误解，不思进取，满足于现状，也可能是由于决策审批执行等一系列复杂程序很难进行改变，从而难以进行颠覆性创新，大多只能停留在渐进性创新或维持性创新。处于领先地位的自信与傲慢使企业相信以往的成功经验、技术、组织人员等，而忽视了外部环境的变化，故步自封，不能与时俱进进行创新，最终一部分在位企业被中小型企业颠覆掉，抢占市场、夺取客户，严重故步自封的大企业面临破产倒闭等风险。正是那些促使企业获得成功的因素，为企业谱写了走向死亡的进行曲（克莱顿·克里斯坦森，2014）。凡事物极必反，福祸相倚，每一个企业杀手的背后，都隐藏着一个伟大的增长机会（康路，2007）。

（2）后发企业的路径依赖。相比于在位企业在市场竞争中获得领先地位，后发企业只能在市场竞争中获得较少的份额。而且相比在位企业的组织规模、组织机构、组织文化理念等优势特点，后发企业经营规模小，没有成型的组织结构，员工没有形成稳定的企业文化理念。但正是这些不足，也带来了一些机遇。例如，经营决策高度集中，审批程序简单高效、灵活性强，核心能力可塑性强，路径依赖特征不明显，有利于自我进行变革改正，组织文化富有创新包容精神。且由于自身规模小，人、财、物等资源相对有限，只能将有限的人力、物力、财力投放到那些被大型企业所忽略的细小市场，专注于某一细小市场产品的创新以及技能的提升。它们将"劣势"转化为优势，利用企业灵活的经营方式，在市场竞争中转移进退便捷迅速，能够顺应时代潮流，从而更易于与时代创新相跟进，进行颠覆型创新。后发企业可以借助颠覆式创新理论进行赶超，在开展颠覆式创新过程中注重技术与商业模式的双向创新与有机融合是企业实现快速赶超的核心内容。

3. 颠覆性创新理论对中国企业作用的实例

作为后发企业的典型代表，君乐宝乳业集团（以下简称君乐宝）自1995年从作坊做酸奶起家，到2014年推出第一款奶粉，其就下定决心要成为行业内的颠覆性创新者。事实上，君乐宝在颠覆性创新这条道路上也日益将品牌做大做强。君乐宝虽然是酸奶起家，但是却又不同于市面上其他酸奶企业，君乐宝通过"突破极限"的方式在全国首推酸奶新品种，牵头科研项目，通过颠覆性创新，突破性的杀菌技术——INF0.09秒超瞬时杀菌技术，保留天然活性物质的"悦鲜活"牛乳。不到6年时间，其奶粉的数量就呈现几何式增长，2019年实现奶粉产销量7.5万吨、突破1亿罐、以领先行业10倍的速度增速全球第一，且仅用6年时间就跻身中国乳业第一梯队。君乐宝乳业集团副总裁、奶粉事业部总经理刘森淼曾表示，君乐宝奶粉以生产模式创新、产品创新、工艺创新、营销创新等六大创新模式全方位促发展（李涛和石巍，2020）。他认为只有坚持颠覆性创新，以创新促增长，做出比同行业更好更有保障的产品。才能让品牌生生不息，这也是君乐宝乳业集团公司不断创新的秘密。正是这样的颠覆性创新精神，君乐宝具有全球长远视野，把目标放到全球，高瞻远瞩，致力于让所有婴幼儿吃上放心的奶粉。

相反，A公司曾经是"中国电子工业的摇篮"，是中国较早进入资本市场的一家优秀家电公司，其产品风靡全国，是一代人的记忆。1996年，其公司的股票分别在香港联交所和上海证券交易所上市，从而迎来了它的高光时刻。但在技术更新换代、市场竞争加剧的浪潮下，A公司仍然坚持之前一直采用的"拿来主义"，宁愿靠买也不自己造，跟不上时代与技术，只能被迫节节败退。1999年当期亏损逾5亿元，即将面临股票摘牌，业务剥离等危险，在迫不得已的情况下调整业务，剥离原有业务，向其他业务转移时发展也不顺畅。此后，A公司一直与亏损和重组相伴。曾经辉煌一时，作为20世纪80年代风靡全球的企业，如今几乎"消失殆尽"。颠覆性创新理论认为在位企业失败的原因之一是由于在早期忽略了颠覆性创新，过分相信已有成功经验，不愿进行改变。当其他企业以颠覆者的角色慢慢发展壮大时，原来企业将对其市场不可控制，只能失去部分甚至全部市场。而想要重新占据市场领先地位，其难度可以和再次颠覆性创新相比拟（谢懿格，2020）。

以上两个例子，一个低开高走，一个高起低落，给出了两条完全相反的道路。为什么有的企业可以发展如日中天，有的企业只能如明日黄花？由此可见，企业所在的地位并不是一成不变的，企业发展没有捷径，唯一的核心竞争力就是技术的创新，商业模式的创新，再好的企业，再好的品牌，再好的资源、技术、人力等优势，若跟不上时代与技术的潮流，终究是要消失的，犹如逆水行舟，不进则退。

4. 颠覆性创新理论的机遇与挑战

（1）颠覆性创新带来的机遇。在颠覆性技术创新的时代大潮中，中国企业很好地把握了机遇，积极部署，在智能制造、"互联网+"、大数据等领域都有一定的收获，为中国企业发展、企业变革提供了一个机会。与此同时，新的商业模式的转变、创新型的管理理念的兴起和实践、新兴业态的突起也成为中国企业竞争的焦点，为中国的发展提供了新的视角和新的空间。

颠覆性创新理论给企业带来了新的技术和新的商业模式，这两种创新变革的力量能带动其他相关联影响因素的变革，为中国企业带来新的发展机遇。目前，已有很多国内企业认识到了颠覆性创新对经济发展的重要性，并且在实践中摸索到了一套适应和实践颠覆性创新的方法。这些方法能够有效地推动后发企业的"弯道超车"，也可以帮助在位企业进行"防御反攻"。此外，企业也从技术层面上升到理念制度层面，从关注技术革新到关注商业模式创新，同时也伴随着考虑技术的发展与顾客需求的变化。克里斯坦森提醒到，企业生产的产品能被客户购买说明产品性能和服务能满足顾客需求，企业可以在已有客户的基础上研究吸引客户选择的原因是什么，从而细分市场顾客群体，扩大市场占有份额。进一步讲，企业需要特别关注和分析那些从来或很少购买企业产品的消费者，他们需要什么样的产品，有着怎样的产品需求，如何采用新的商业模式，生产特定的产品去满足他们的需求，实现他们的愿望，这也是打开持久增长之门的钥匙（康路，2007）。

（2）颠覆性创新带来的挑战。然而，当颠覆性创新发生时，也是对现有企业的一次考验和一个残酷淘汰的过程。对于在位企业而言，颠覆性创新表现为两个方面：一是要面临市场环境复杂多变、技术创新速度加快、产品更新换代周期短、市场预测难度加大，从而导致由于信息掌握不全面、信息接收延误而出现企业决策错误，或者由于决策者的胆小怕事、抓不住机遇，进而延误时机；二是因为管理理念的教条化，按照之前的市场管理定义，即顾客是上帝，所有的出发点都是在考虑现有顾客需求，而忽略了潜在市场客户需求。只局限于顾客，满足于现有顾客的需求，忽视潜在市场和周围环境的变化，很容易遭受潜在市场的冲击以及周围环境的影响。对于一些在位领先企业来说，墨守成规，不愿创新是致命的，在变革创新成为时代的主旋律下，执着于固有经验模式只会让其企业在发展的大潮中难以应付，仓促应对，最终面临淘汰衰亡的结果。

5. 颠覆性创新理论的发展趋势

随着颠覆性创新理论成果的不断发表，颠覆性创新中国化的成果也日益增多，而且呈现出理论与实践相互作用的趋势，即用颠覆性创新理论指导具体实践，反过来实践成果检验颠覆性创新理论是否符合中国企业的发展路径。颠覆性创新理论未来的发展方向可能呈现以下两个特点：

第一，在高端市场进行颠覆性创新变革，留住现有客户，抢占新用户市场成为新的理论发展方向。由于颠覆性创新起源于低端市场与新市场，人们的关注点倾向于颠覆创新理论成果上，较少关注在位企业在颠覆性创新环境中所采取的措施和行动，这对于后发企业来说无疑是一个突破与改革的机会。随着后发企业侵入在位企业的市场，在位企业的市场占有率下降，产品利润率降低，一些在位企业认识到颠覆性创新给企业发展所带来的机遇，也顺势进行颠覆性创新，并且加大投入力度，选择高端颠覆性创新。

第二，颠覆性创新呈现跨界发展，产业融合等趋势。随着科技创新的进步，人们对于产品性能和服务态度日益重视，这就要求产品功能日益齐全，服务态度能满足消费者。在过去，颠覆性创新理论一般在管理学、经济学中运用比较广泛，随着社会对交叉学科混合发展及全面发展的要求日益提高，颠覆性创新成果在医学教育学服务业的行业也有所涉及，逐渐形成了一种多学科开放包容、优势互补的战略合作新局面。

第三节 本章小结

本章简要介绍了高管团队注意力和颠覆性创新理论。其中，高管团队注意力理论主要以高阶理论和注意力基础观为基础理论，对二者的理论来源及主要内容进行阐述。企业颠覆性技术创新理论主要包括颠覆性技术创新的理论基础、内容概要、技术特征及颠覆性创新理论对中国企业的适用性等方面。

高阶理论与注意力基础理论的诞生为诠释企业高管人员的个性化决策提供了答案，并且解释了为什么在不同的情境下高管人员选择的差异性，这些差异性表现为他们在经验、性格、价值观等方面对其所在企业战略决策形成的原因及对企业其他人员的影响。在这个意义上企业成为某些典型高管人员的映射。

以 March 和 Simon 等（1958）为代表的卡内基梅隆学派的研究成果在组织理论中关注注意力的概念时主要集中于注意力的渠道、结构以及注意力配置。此后，Cyert 和 March（1963）及其他学者在研究组织决策制定中对注意力配置问题进行了深入探讨，其中涉及的主要问题包括注意力惯序理论、模糊选择理论中的注意力结构等。从 Simon（1962）在管理者决策过程中对注意力做出新的诠释，以及其他学者分别从注意力的内容和注意力研究的过程来界定注意力的概念后，注意力的概念在组织行为理论与战略管理和决策理论中受到了更多的关注。Simon 将决策等同于管理的内涵包含了决策者如何配置有限注意力的重要隐喻，因为对于管理者而言，其决策的情境从来就不缺乏信息，而缺乏对信息的有效处理，或者说有限理性的决策者只能部分关注其周围的信息，并从中汲取对他们决策有利的情报，这也是有限理性在决策理论中作为假设前提的重要观点。

企业颠覆性技术创新通过对新市场进行低端侵入，并且不断提高顾客的接受程度和满意度，从而改变目标群体的评判标准，以此来达到颠覆整个市场规则的结果，而其他的一般性创新不会离开原有的市场运行路径，市场原有在位企业在面对企业颠覆性技术创新的冲击下，既想在新的市场分一杯羹，又不想承担原本利益受到损害的风险。在不断纠结的过程中，被颠覆创新技术所取代。介于企业颠覆性技术创新不需要大量资源和经验的特点，在现实案例中，后发新兴企业更容易使企业颠覆性技术创新成功。而一旦进入主流市场，就会破坏原有的市场竞争规则和价值体系，而这样的颠覆影响往往深远又深刻，更能够改变社会消费模式和引领产业的革命。克里斯坦森（2019）在其著作《颠覆性创新》中提到，基因最大的特点是十分乐于并且忠实地复制自己，将自己的基因得以延续从而支持生命的基本构造和基本性能。若企业将自己原有的基因作为核心去进行技术创新，则认为是属于基因延伸性技术创新。而企业颠覆性技术创新的出现往往是因为企业为了能够更好地适应外部环境而发生的"基因突变"和"基因进化"。

第四章　文献综述

第一节　高管团队注意力研究综述

一、高阶理论研究综述

（一）理论研究

从高管团队注意力理论基础方面来看，当前关于高管团队注意力研究的元理论主要以 Hambrick 和 Mason（1984）为代表的高阶理论，以 Ocasio（1997）为代表的注意力基础观为主。高阶理论的研究奠定了企业高管个人或者团队的特性对企业绩效的影响（Cho & Hambrick，2006）；注意力基础理论回答了企业的行为是企业如何引导和分配决策者注意力的结果，企业高管团队的决策取决于他们关注的问题和答案。具体而言，高层管理者的行动与他们关注的问题和答案存在密切关联。此外，高管关注什么样的问题和答案取决于其所处的特定决策情境、企业的决策规则、资源，以及问题和答案的各种分配程序和关系（Ocasio，1997）。

从高管团队注意力实证研究方面来看，在管理者（特别是高层管理者）注意力形成的类型、注意力分配过程机制（Hoffman & Ocasio，2001）、高管团队注意力形成过程机制（Eggers & Kaplan, 2009）等方面出现了大量研究。此外，企业高管对战略联盟、企业外部风险投资机构的注意力对企业的影响（Maula et al., 2013）以及高管团队对现有竞争关系或者战略联盟成员的关注，也出现在当前关于高管注意力研究的实证文献中。这些实证研究在一定程度上反映了高管团队注意力与企业绩效、战略决策以及竞争关系之间的密切关系。但是，目前学者所关注的焦点主要集中在对管理者认知视角的研究，以及剖析高管人员内在认知（注意力）的形成机理以及对企业效能的影响。

本书的研究认为，高管团队注意力并非个人层面的研究变量。既然将高管团队的注意力作为一个整体性变量进行考量，那么在一定程度上高管团队注意力就是一个组织层面的构念，之所以研究整个高管团队而非某一个高管个人，是因为高层管理团队的特性比 CEO 个体的特性能更好地预测组织的成果（史密斯，2010）。所以，运用高管团队的注意力风格代替高管团队的注意力来研究其对企业颠覆性技术创新的影响机制更能体现组织层面的变量对企业颠覆性技术创新行为的影响。因此，研究并未将高管的范围限于企业 CEO 或董事长，一方面是因为在研究层面上是针对组织层面变量之间的影响关系，不同的企业高管团队注意力风格倾向对企业颠覆性技术创新的影响都是组织层面的影响关系，而非个人对企业层面的跨层分析；另一方面基于本书的研究问题，是企业高管团队的注意力风格倾向，实质上体现了企业的注意力风格倾向，毕竟企业是一种抽象的概念表示，用高管团队的注意力风格倾向代理企业的注意力风格倾向更符合实际。所以，本书分析的高管注意力风格没有明确地指向哪一个高管，而是整个高管团队。

从研究方法和数据获取的方面来看，对管理者认知及其注意力的相关研究倾向于使用心理学研究领域的主观分析方法，特别是关注管理者注意力与高管决策的研究尤为显著。当前文献中一些学者对高管注意力进行研究时将焦点聚集在 CEO 身上，通过研究 CEO 认知模式、注意力模式等企业最高领导的某种认知特质分析其对企业创新成果（Yadav et al., 2013）、战略规划系统设计（Ocasio & Joseph, 2008）、新技术投资（Kaplan & Tripsas, 2008）等方面的影响。鉴于研究的基本问题是一个战略管理问题而非心理学问题，本书所采用的客观性文本分析和代理高管团队注意力风格倾向所使用的整体性与分析性高管注意力风格有较强的匹配性，通过从组织层面研究基本问题，使整个研究的契合度与有效性得到保证。

总之，当前关于管理者认知及注意力的研究已经引起学术界的高度关注，虽然有些学者认为，影响企业颠覆性技术创新行为的因素并非企业高管团队的注意力，而是企业外部环境、企业内部资源与能力等核心要素备受青睐。但是本书认为，相比较前述企业内外环境方面的因素而言，高管团队注意力的因素虽然在研究数量方面尚且不足，但并不足以说明探究这个层面的因素对企业颠覆性技术创新不重要，只是在研究的深度与广度较为不足。

（二）实证研究

实证研究方面，一些学者关于高阶理论的实证研究考察了高层管理团队在年龄、职业经历和教育水平等可观测的背景特征方面的异质性对企业的竞争行为、多元化水平、创新能力、企业的战略变革和最终绩效的影响（Nielsen，2010）。一些学者的研究为高阶理论的构建提供了良好的例证。例如，由Dearborn 和 Simon（1958）研究认为，经理人对特定目标的认识以及对其自身职能背景的强化，会导致他们对复杂商业情境中某些信息进行特别关注，然后用其擅长的专业术语来诠释这些信息。总之，高阶理论无论从理论构建还是经验证据均取得了学术界的认可，其研究的主要工作揭示了高管团队对于公司的成功至关重要（Krishnan & Park，2005）。Hambrick 和 Mason（1984）、Hambrick（2007）就高管人口统计学特征与潜在的战略结果之间的关系建立了一系列理论命题，他们判断，那些拥有年轻决策者的企业在制定战略时更加倾向于风险偏好型战略而非风险规避型战略；或者，同质性程度高的组织比具有异质的组织能更快地做出决策。

但是，一些学者对高阶理论涉及的一些悬而未决的问题提出了不同的观点。Abatecola 和 Cristofaro（2016）认为，Hambrick 和 Mason 提出的理论框架本质上基于两个基本前提：一是高阶理论研究的是组织的高层管理团队，不应该只是具体的某一个人，或其中几个高层管理人员。原因是公司的治理是一项复杂的活动，其中除了最高决策者的个人特征在一个单一的层面上影响组织最终绩效及战略决策与行动外，其他还有很多是互动事件的累积效应。二是虽然组织的最高决策者及其团队的人口统计学特征可以在一定程度上反映他们的认知情况，但这些可观测到的社会心理特征也存在不完整性和不确定性（Loewenstein et al.，2015）。此外，关于研究变量测量的精确性来说，高阶理论关注人口统计学特征变量也是有其实际原因的。因为，关于测量人的个性和认知价值数据，无论是心理学家还是组织行为学者都是经常面临的难题（Abatecola & Cristofaro，2016）。客观来说，这些特征一部分由外部环境变量确定，另一部分由公司的所有权结构及其他内部变量组成决定，而对这些决定变量在准确的把握要求上面临更多的困难。

（三）高管团队注意力研究状况与趋势

截至 2020 年 1 月 25 日，在中国知网（CNKI）上以"高管注意力""高管团队注意力""高管团队认知"等为检索词进行搜索，并且对搜索结果进行筛选，筛选出与高管团队注意力相关的中文文献 134 篇。英文文献用 web of science 数据库检索平台，以"TMT attention""management attention""leader attention"等为检索词进行搜索，获得 400 个相关文献。

从检索时间节点的文献数据来看，国外学者对于高管团队注意力的研究比国内的学者多且时间早一些，国内的研究仅仅在初级阶段，对注意力的内涵和维度还没有成熟的研究。

从图 4-1 历年高管团队注意力的文献发表情况分析可知，2012 年以前，与高管团队注意力相关的文献发表数量都相对较少，而 2012 年之后，文献发表数量有了显著的增长。由此可见，对高管团队注意力的研究进入了新的阶段。

研究高管团队注意力，主要是为了探索高管团队注意力在企业运营的过程中，对企业的长期发展、战略布局、整体绩效的影响，构建成熟的注意力配置模型，合理地配置注意力这一稀缺有限资源。通过合理配置高管团队的注意力，促进组织整体效益的提高。

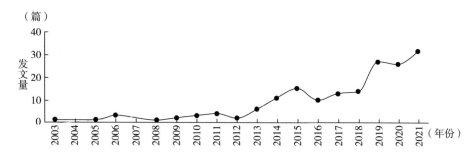

图 4-1 2003~2021 年高管团队注意力研究现状与趋势

资料来源：中国知网。

二、注意力基础观研究综述

（一）理论研究

自 1997 年 Ocasio 对注意力基础观进行全面阐释以来，组织和战略管理研究领域中关于注意力的实证研究便取得了丰富的成果。Ocasio（2011）对注意力基础观总结性评述的论文中，按照学者们对注意力研究的结构、过程和结果对当前实证研究中关于注意力的研究划分为三类：一是注意力视角；二是注意力投入；三是注意力选择。

注意力视角是组织中从上至下的认知结构，体现了组织对相关刺激和反应的关注。包括前瞻性注意力视角和回顾性注意力视角，前者基于组织对环境的认知知识；后者基于组织过去累积的各种经验（Gavetti & Levinthal，2000；Ocasio，2011）。注意力投入是组织决策者有意图地、持续地分配认知资源的过程，通过完成这样的过程从而对组织制定决策、解决问题及制定战略规划作出有效指导。注意力投入的主要问题是针对组织决策者将时间和精力放到对外部环境刺激的选择以及相应的战略响应上。注意力选择是一种有意识或者无意识的注意力结果，它的结果导致决策者将注意力集中在所关注的信息上或对其他未关注信息的忽视。

国外学者研究主要关注管理者注意力形成的类型、注意力分配过程机制方面，一些研究的焦点也集中在战略联盟、企业外部风险投资机构等一些微观外部环境的研究上。例如，Maula 等（2013）的研究显示，企业外部风险投资机构对其高管注意力方面的影响远远大于该机构为企业所带来的知识增加对企业的影响，Nadkarni 和 Barr（2008）的研究显示，高管通常将注意力集中在较为熟悉的领域，如现有竞争关系或者战略联盟成员等方面。

国内学者对管理者注意力的研究主要集中于管理者注意力和组织与战略管理的相关问题上。国内学者在国外注意力基础理论研究的基础上，也出现了一些实证研究成果（肖书锋和吴建祖，2016）。这说明管理者注意力方面的研究已经引起了国内学者的重视，不管是从理论构建还是测量量表开发。

美国学者 Simon（1947）将心理学中"注意力"的概念首次运用在管理学领域，认为对于有限理性的决策者来说，能否将注意力配置在现有信息上，才是做出正确决策的关键。秦瑞琳（2020）也指出，企业管理的核心在于最终战略决策的制定与调整，而企业的管理者之所以成为管理者，必然是具备足够的信息捕捉能力，实际上信息来源十分广泛，他们真正缺乏的是处理信息和繁杂事务的精力和能力，换句话说，目前高层管理团队所需要解决的问题，是如何能够最大限度地发挥和运用有限的精力，做出正确的决策。可以说，企业的高层决策者把注意力放在哪里，在很大程度上便决定了企业所作的战略决策是否有效。

基于 Simon 的研究，注意力基础观第一次出现是由美国西北大学教授 William Ocasio（1997）提出的。Ocasio（1997）认为，注意力基础观包括三个相互关联的基本原则：一是注意力焦点原则；二是注意力情景原则；三是注意力配置原则。其中，注意力焦点原则是指决策者做出的决策与他们将注意力聚焦于何种问题或议题上有主要联系的；注意力情境原则除了认为，决策者的决策与其对何种问题或议题的聚焦相关外，同时也受其所处何种情境影响；注意力配置原则反映出决策者的决策不仅来源于对何种问题、何种情境的解读，更深层次的是由其如何对有限的注意力进行分配在其重视的事项和渠道中影响的。Ocasio 最终将注意力配置定义为高层决策者把有限的专注力配置于对管理者自身和企业都能带来最大化利益的信息。他默认注意力是一类稀缺资源，仅能分配给相对较少的创新思想，而企业行为又是引导、分配他的注意力的体现结果。注意力的研究既属于行为学的研究，也是管理学研究的一个重要领域，秦瑞琳（2020）总结了注意力的内涵，认为高层管理者的注意力是非常有限的，有限的高层管理者的注意力所聚焦的方向，往往就是企业制定战略和目标的决定性因素，企业的战略和绩效成果是高层管理者注意配置的直接体现。Hambrick 等（1993）认为，决策是有意识的，是一类由理性选择所带来的结果，企业的战略制定受到决策层的注意力聚焦分配的影响，进而可以推断出注意力聚焦对如投资方案的选择等产生影响，最终的结果就是影响企业的绩效。

每个决策者决策的背后，都反映了决策者个人的注意力配置情况以及其个人的性格特征和价值观。关于高层管理者特质研究的文献中，学者们关注度较高的是 Hambrick 和 Mason（1984）提出的高阶理论。高阶理论认为，高层管理人员在企业中发挥着重要的作用，其核心内涵是高层管理者的个人经验以及个人价值观会影响他们对所面临形势的解读，并且影响组织的战略制定过程，最终影响企业的绩效。高阶理论有两个相互关联的部分：第一部分是高管根据他们对所面临战略形势的个性化解释来采取行动和措施；第二部分是这些个性化的解读是基于一种由高管的经验、价值观和个人认知构成的功能。由于高层管理经验和个人认知都是有限的，先进的理论又都是需要建立于有限理性的前提，即在不确定的形势下，决策层的战略决策会受他们自身性格、心理这些方面的影响（贾新华，2020）。

此外，其他学者通过结合前人理论也给出了对高层管理团队注意力的理解，并且对高管团队注意力的内涵作出了初步的界定。例如，郑江淮（2000）认为，注意力蕴含着决策者自身的认知能力，注意力可分划为管理注意力和企业家注意力。管理注意力指管理者分配注意力主要聚焦在企业的管理活动中；企业家注意力是将决策者注意力聚焦在创新活动上。梅胜军等（2018）借鉴了认知神经科学研究，辨析出关于个体的三种性质的注意力，分别是选择性注意力、注意性警觉以及执行性注意力。吕荣杰等（2020）的研究则结合了我国各地政府关于积极布局智能制造进而推动制造业转型升级的社会背景，源于人工智能与制造企业之间的结合方式，他们认为高管团队对智能制造的注意力存在两个维度：倾向于智能产品方面的注意力和倾向于智能生产方面的注意力。

关于注意力的维度，不同的学者根据不同的研究目的做出了不同的界定。按照时间维度，注意力可以划分为三个层次（Yadav et al.，2007）：过往焦点、当下焦点和未来焦点；按照空间维度，注意力可以划分为向外焦点和向内焦点两个维度；按照认知层面，Ocasio（1997）将注意力划分为注意力洞察、注意力施加和注意力选择三个维度；按照国际层面，注意力可以划分为三个维度，即全球环境的关注、海外管理的沟通与全球决策的讨论。Ambos（2010）从总部对附属子公司的研究将注意力分为支持注意力、可见注意力和相对注意力三个维度；按照企业战略变革的研究方向，Hambrick（2006）将注意力划分为创业型导向注意力和工程型导向注意力两个维度。对注意力的不同维度划分，是各学者根据不同研究目的所得到的结果，这体现了注意力配置贯穿于各个决策环节中，影响着决策者的判断和布局。相信在未来的研究中，随着越来越多的学者重视注意力配置问题，对于注意力的研究会越来越深刻，这代表着对注意力的维度也会有越来越丰富的界定。

（二）实证研究

在高管团队注意力实证研究方面，Barnett（2008）关于注意力基础观与实物期权理论的研究中，将决策中实物期权理论的有效性与及时性假设在实际管理操作中如何提供的问题进行深度分析，基于注意力基础观描述各种结构情境下的管理行为，从注意力基础观的视角研究了实物期权，提出了在特定企业背景和注意力结构下高管如何在投资组合中关注、获取、持有、行使与放弃各种实物期权的一系列命题［例如，其第一个命题为：一个企业高管的注意力结构越趋向于外部（内部）导向，决策者对现有市场的关注的可能性越小（大），越多（少）倾向于关注新兴市场］。

此外，Bouquet等（2009）对国际化注意力与跨国公司财务绩效的研究中通过对 135 家公司发放的调查问卷与二手数据的分析得到：第一，国际化注意力由三个相互关联的维度构成，分别是全球扫描、海外沟通与全球对话；

第二，国际化注意力与跨国公司绩效之间呈倒"U"形曲线关系；第三，行业动态性、总部高管的国际化经验及价值增值活动的独立性调节了国际化注意力与跨国公司绩效之间的关系。

1. 积极的影响因素

（1）研发投入的中介作用。研发投入是企业技术创新行为战略实现的重要保障，也是高管团队注意力影响企业创新绩效的中介变量（黄珊珊和邵颖红，2017）。企业高管团队将注意力配置于技术创新上体现在高管层关注与创新相关的问题及其解决方案两方面上。如果高管团队倾向于通过技术创新解决企业现有问题，而且研发投入是企业高管团队创新注意力配置的战略结果，那么企业绩效就是研发投入战略执行的结果并反映了高管团队创新注意力配置的最终成果。所以，高管团队对创新的关注程度最终会影响到研发投入的多少，而研发投入的多少会间接反映出高管团队当前的特征，例如，高管层的创新注意力和对创新风险的偏好态度。结合之前所提到的高管团队创新注意力和研发投入对企业绩效的分析，可以得出，研发投入不仅影响企业技术颠覆性创新以及企业未来的发展方向，还是企业高管团队创新注意力与企业绩效关系之间的一个中间媒介（黄珊珊和邵颖红，2017）。

根据 Hambrick 和 Mason（1984）提出的高阶理论，高管团队的所有决策都会受到他们的个人特质，包括年龄、经验、价值观等影响，从而对企业的整体业绩造成影响。而根据 Ocasio（1997）提出的注意力基础观，高管团队对注意力的配置情况，在很大程度上影响了他们对不同方面信息的识别、判断能力和他们对这些信息的解读，进而影响他们对战略布局做出的决策，最终影响企业的整体绩效。

对于企业而言，研发投入是技术创新行为的一种刺激和结果的体现，高管团队配置于技术创新上的注意力最主要表现在高管团队对创新类相关议题和解决方案的关注与支持，是否存在通过技术创新以解决企业现有问题的倾向，同时研发投入又可以是企业高管团队颠覆性技术创新注意力配置结果的体现，企业最终的绩效是研发投入战略是否有效落实执行一种结果和反馈，也就是高管团队创新注意力如何配置的最终体现。可以将研发投入视为高管团队创新注意力影响企业绩效的一个中间变量。现有研究表明，当高管团队选择将注意力分配于创新相关议题较多时，该企业往往表现为较重视研发投入，持续的创新投入行为会促进企业在所选领域学习深厚的技术知识，给企业在产品服务、运营管理等方面创造更多变革机会，同时创新知识的积累，传递到消费端将得到更显著的效果，如增加销售收入、提高企业形象和口碑等。因此，企业高管团队注意力通过研发投入影响企业创新绩效（简领，2020）。此外，通过查阅相关文献发现，企业投资在创新方面的行为是决策层创新意识与所处企业创新绩效之间的中介变量，由前文的高管团队创新注意力、研发投入、企业绩效的关系分析可以发现，研发投入所扮演的是企业高管团队创新注意力与企业的创新绩效之间的关系的一个中介角色，高管团队创新注意力是通过研发投入行为的决策和执行与否来提高企业的创新绩效的（黄珊珊和邵颖红，2017）。

（2）高管团队外部注意力与研发投入。根据前文所述，高管团队在企业创新决策与行为的引导和战略制定中起关键作用，Ocasio（1997）所提出的注意力基础观认为，注意力是一种稀缺资源，高管团队对注意力的配置行为会影响其对企业技术创新战略的制定，研发投入是企业技术创新的重要决策项目，由于注意力资源的稀缺性，高管团队在企业整体运作过程中无法注意到所有的市场信息，而外部环境中包含的各种信息对企业的研发投入战略的制定是至关重要的。对此，张昊（2019）认为，高管团队对外部环境的聚焦会使企业能更及时地对外部的机会做出反应，并且以更积极的态度抓住创新机遇，也会主动地为企业争取更多竞争优势。诚然，高管团队外部注意力的确使企业更善于把握住外部的机会，对出现的新技术做出更加及时的反应，有利于推动企业在整体技术层面上的创新。根据吴建祖等（2016）的观点，如果高管团队能将有限的注意力资源配置在企业外部环境中的市场需求、竞争者，以及新技术等与创新有关的市场信息和创新政策方面，就能准确识别到外部市场中存在的创新投资机会，并及时进行研发投入的战略布局，有利于推进企业创新并带来研发强度的提升。以下分别就市场需求、竞争者、新技术相关信息及创新政策方面进行详细阐述。

第一，市场需求方面。在当今变幻莫测的市场上，消费者的需求也时刻在发生变化。高管团队如果将其注意力配置于市场需求上，能更好地识别和判断消费者对新产品或新服务的偏好，而新产品或者新服务的提供需要依赖新的知识和技术，也就会产生新的成本。高管团队需要对这些可能投入的项目进行评估和决策。决策团队在做出决策时，必然会试图通过增加研发投入的方式来增强企业的创新能力，实现本企业产品的差异化以满足各类不同消费者提出的新的产品和服务需求。由此可见，高管团队将注意力配置于市场需求上能有效刺激研发投入行为。市场需求能给研发投入带来的刺激主要包括两个方面：一方面，当新产品或新服务带来的价格上升大于其成本的增加时，那么带来的利润增加就能刺激研发投入的增加；另一方面，倘若市场上重新出现新的需求，企业所选择的研发投入就不会有太大概率失败（陈仲常和余翔，2007）。

第二，竞争者方面。面对竞争激烈的市场环境，技术创新是企业提高自身市场竞争力的有力武器。高管团队若能将注意力配置于市场竞争相关信息分析上，能够有利于刺激企业技术创新、研发投入行为（沈琪子，2020）。根据干春晖和姚瑜琳（2005）提出的策略性行为相关的理论，若想增加研发投入、提高企业的技术创新能力可以考虑从以下两个方面应对市场上的竞争：其一是运用新的知识和技术，充分降低产品边际成本；其二是研发投入的成功能够为企业带来产品差异化的优势，即使存在竞争对手想要效仿，也需要巨大的成本。总的来说，无论是倾向于降低产品边际成本还是争取产品差异化优势，都是企业应对现有及潜在竞争对手的一把利器，这样的结果又使决策团队更倾向于以研发投入来增强企业的竞争优势。

第三，新技术信息方面。在企业技术创新行为中，技术是核心的要素。当高管团队将注意力配置在开发新技术上时，将会对企业的研发投入行为产生直接影响。高管团队对创新技术的关注可以表现为对产品技术的变化、新技术的发展趋势、新技术的应用领域之类的信息的关注，他们对技术的关注必然会影响企业整体的技术研发和应用相关战略。沈琪子（2020）认为，将注意力大量配置在技术相关信息上的高管团队，对于技术创新能带来的潜在收益的获取会更敏锐、更愿意提高研发投入的资金，也更愿意通过应用新的技术和新的知识来提高企业的经济效益。

第四，创新政策方面。高管团队在选定项目做出研发投入决策的同时，必须考虑当下的创新政策条件是否有利。高管团队若能提高对政策的关注度，则能提高决策的有效性。并且在新政策出台后，高管团队能够迅速地捕捉到新政策能为技术创新和研发投入所带来的促进作用。为了提升企业研发新技术的能力，助力企业提高自身的竞争优势，并推进企业产业结构调整，加快经济增长转型升级，政府已经出台了一系列的支持企业创新研发的政策。政策涉及了财税、人才激励、金融、新技术等方面。在国家鼓励创新的大环境下，高管团队如果能对国家政策的最新信息施以最及时的关注，他们就会倾向于大力增加研发投入，提高创新能力，进而可以利用政策上的优惠为企业争取更多的收益。

综上所述，高管团队配置于外部市场的注意力与企业的研发投入是整体呈现正相关的，更有利于促进企业的颠覆性技术创新行为。

（3）两职合一的积极作用。在创新战略实施阶段，根据代理人的经济人假设，人是相对理性的、自利的，以个人利益为中心，代理人与股东之间长期存在利益冲突，对股东来说是一笔较高的代理成本，同时与企业理想运营效果产生较大差距。当经理人与代表股东利益的董事会属于同一个担任者时，则能在一定程度上缓解这种利益冲突，有利于巩固经理人的权威，使其更具有"拍板"的勇气，能够提升企业决策效能，保证技术创新战略的顺利通过，同时降低代理成本，有助于公司整体绩效的提高（陈守明等，2012；陈守明和戴燚，2015）。在内部和外部环境都复杂而不确定性较高的情况下，两职合一对公司绩效的提高更加显著。在环境高度不确定的形势中，董事长和总经理对环境变化的不同理解导致其所选择的决策产生分歧，决策层之间分歧会使工作效率降低，此时企业整体对外部环境所做的反应不再及时。因此，可以认为动态环境下的两职合一是有利于加快所选择的决策方案的落地实施，并最终对决策层向外部环境的不确定性做出应对是有较大帮助的（Boyd，1995）。对于一个企业来说，研发投入是一项高复杂、高风险的创新决策，这离不开决策层对市场和技术的关注，更离不开决策过程中高管团队对决策的控制和调整。两职合一的确能在加速企业创新战略实施和提升战略执行效率方面有较大的帮助，最终体现在提升企业绩效方面。

（4）高管职权的调节作用。高管团队成员所拥有的权力会影响其决策行为，而高管团队的决策进而又会影响到企业的战略。高管权力代表了高管对企业资源配置和实际利益分配的影响程度，权力越大其影响的程度越深，是企业战略的制定和实施的重要保障，对企业创新战略有重要的影响，以下就高管团队对企业战略的影响，从创新战略决策与创新战略执行两个方面进行分析。

创新战略决策方面。在组织管理中，权力是个体按照自己的意志调配组织资源和对他人行为施加影响的能力。权力是影响高管团队决策和行为的重要因素，外部环境不确定性越高，权力对高管团队的战略布局和决策行为的影响就越显著。开发新的创新项目必定是一种高风险、高投入、高不确定性和长周期的重大风险战略，要做出决策，就需要决策者充分了解市场环境和技术的变化情况，并对该项目未来的成功概率做出预测，是一项需要高度智慧和勇气的决策。因此，高管团队如果拥有更高的权力，会有更大的权限影响并制定相应战略，也就能够顺利推动创新战略的通过和实施。

创新战略执行方面。任何创新战略，无论是延续性创新战略、渐进性创新战略还是颠覆性创新战略，其发展都经历了一个完整的过程。不同的是，延续性创新与渐进性创新均体现了从 1 到 100 的创新升级过程；而颠覆性创新则体现为从 0 到 1 的突破式过程，然后就会进入到从 1 到 100 甚至更多的渐进性创新阶段，如此循环往复。这些创新过程无论是观念的产生还是商业化转化都需要强大的资源支撑，而组织资源的调配与高管团队的权利配置密不可分，一个好的创新项目只有得到企业高层的认可和支持，才肯付诸实践，同时有足够的匹配资源支撑才可能使一个项目得以成功实施，所以在战略实施阶段，高管团队的关注尤为重要。

根据前文综述，高管团队注意力在技术创新上的配置，会影响高管团队在战略布局方面的决策。除此之外，高管团队的职权也会影响其创新决策。

高管职权一定程度反映了其对企业资源配置、实际利益分配等问题的话语权，与企业战略的制定实施紧密联系。李胜楠和牛建波（2014）认为，在企业运行过程中，每个成员都或多或少地受到权力的影响，即权力在组织运行与管理中居于中心地位，因此企业在制定技术创新战略规划时必然会受到高管权力的影响。特别是在战略决策阶段尤为显著。在企业的管理中，职权凸显了决策层调配组织资源的意愿，同时对员工行为施加影响。可见，职权必然对高管团队决策行为产生重大影响。外部市场环境越不确定，职权对高管团队的战略制定和决策行为的影响就越显著。开发创新项目或重大技术投资必定是高风险、高投入、高不确定性及长周期的战略行为，存在很大风险，做出这样的决策，需要企业高管团队充分了解市场环境和技术的变化情况，并对该项目未来成功的概率做出预测，是一项需要相对高的智慧还有魄力的决定。因此，高管决策层倘若能有较大的权力支持，他们才能更有可能做出决策，才能更顺利地将所选择的创新方案落地实施。

吴建祖等（2016）认为，当今市场环境复杂且变幻莫测，这对企业创新决策的敏锐性提出了更高的要求，企业必须关注市场动态，判别市场的供应和需求情况进行战略匹配，如此才可获得持续的竞争优势，实现跨越式发展，当高管团队被赋予更高的权力时，更有利于企业加大研发投入，更有利于激发企业的颠覆性技术创新行为。

综上所述，高管团队的权力在注意力配置与研发投入之间起到了正向调节作用。换句话说，高管权力在很大程度上影响了高管团队的注意力在企业颠覆性技术创新行为的反映，增加高管团队的权力能够更有效地将高管团队在颠覆性技术创新上的注意力配置传递到具体的研发投入行为中。

2. 消极的影响因素

关于高管团队影响企业颠覆性创新过程中一些消极因素的研究，本书主要关注股权性质。在中国经济转型时期，经济市场上存在着不同股权性质的企业，企业在做长远战略布局时，必然会考虑企业的股权性质情况，根据现有的研究，企业的股权性质对于企业的战略布局也会产生一定的作用，越来越多的学者和企业家都开始关注股权性质在企业进行战略决策时所产生的影响。国有性质的股权和非国有性质的股权对公司研发投入战略实施的效率和执行能力都有差异，进而对企业绩效的影响也可能不同。在考察高管团队外部注意力通过研发投入来影响企业绩效的基础上，还会进一步探索股权性质差异如何在研发投入与企业绩效之间起到调节作用。

沈琪子（2020）总结了国有性质股权高管团队在创新决策所拥有的劣势。首先，国有企业的管理与行政管理非常类似，具有较为浓厚的官僚气息，高管团队的决策需要遵循更多固有的程序，而颠覆性技术创新项目的投资有一定的时间窗口期，国有企业的规章制度严格，即使决策层可以快速做出投资决策，创新战略实施的过程中也需要面对烦琐的流程、程序化审核等问题，而投资机会就可能因此转瞬即逝，企业的技术创新项目也会无法及时落地。其次，国有企业相对于非国有企业具有双重代理关系，按照委托代理理论，多层代理关系致使规模相近的国有企业比非国有企业设立更多监管部门和内部管理程序，内部的管理结构更复杂，由此监督成本也更高，最终导致国有企业的代理成本比非国有企业更高，在管理效率上阻碍更明显，削弱了研发投入对企业绩效激励的结果（李寿喜，2007），进而影响了高管团队对技术创新的注意力配置的积极性。同时，从国有企业的报酬体制角度分析，国有企业的激励制度有工资、奖金等，大部分员工的基础工资较低，甚至国有企业经理人存在"有功则奖""有过不究"的状况，当经理人的绩效未得到正确衡量时，这种激励制度可能让企业的研发投入方案不能得到顺利地实施，高管团队的创新注意力无法顺利传递到研发投入行为中，无法为企业带来经济效益（王殿珊，2009）。

此外，国有企业和非国有企业因为股权性质差异可能会使高管团队注意力影响到的研发投入决策实施所产生的效果不同，沈琪子（2020）认为，国有企业因其股权性质，更加注重政治利益和履行社会责任而非为企业自身获取最大的经济利益。由此，高管团队在基于对外部环境聚焦而选择的研发投入方案还要考虑政治的影响，并不是完全以提高企业绩效为出发点，高管团队外部注意力通过研发投入对企业绩效的激励效果不理想。因此，国企业的股权性质致使其研发投入不能最大限度地将高管团队注意力传递到企业绩效端；反之，非国有企业的股权性质在这方面更有优势，高管团队的创新注意力通过研发投入传递给企业绩效端的影响会更突出，更能刺激企业进行颠覆性技术创新行为。所以，国有股权性质是负向调节高管团队创新注意力，并通过研发投入传输给企业绩效的一种间接效应。

（三）注意力相关理论研究

在对高管团队注意力的研究、对注意力进行维度划分的进程中，除了与注意力直接相关的理论以外，还衍生了对一系列的相关理论的研究。简领（2020）总结了企业行为理论、管理者认知理论、学习理论和制度理论四种相关元理论。

Ocasio（1997）认为，企业行为理论与注意力研究的相关文献有着紧密的联系。企业行为理论将企业作为基本研究主体，研究企业产出、产品价格、投融资等决策问题，然后对这些问题的研究和判断来说明企业的行为，以解释企业是怎样适应外部环境的。企业行为理论认为，组织是一个解决问题的系统，组织内部的决策者所关注的问题会影响到他们的决策，对于组织而言其要实现多个目标的现实与决策者注意力的配置显然是相悖的。例如，一个组织本身加上类似的外部组织之前的决策经验也间接影响该组织的注意力视角。企业的预期绩效与现实的绩效的差距会引起高管团队对注意力规则和注意力的调整行为。

管理者认知理论将组织看作是一个解释系统，高管团队的注意力决定了他们如何理解组织的目标、资源分配及人员安排等问题。而认知的前提是对管理过程中各种信息的充分把握，进而提炼出他们认为对组织决策产生重大影响的信息。该理论通过感知、觉察等概念来重新定义注意力，同时认为高管团队具有选择性注意力，这种解释与人的精力的有限性是一致的，换句话说，高管团队能否将有限的时间、精力投入到正确的决策中与他们在注意力资源方面的选择有直接的关系。

学习理论认为，高管团队在某些事项上花费更多时间和精力时，就会积累相关经验并强化对该领域知识的认知。但这种认知的强化可能是一把"双刃剑"。因为一个人对某项技术的认知越多，其可能会认为这项技术的前景就会越好，这样他们就会对此产生自信，从心理学的角度看，人们往往更愿意相信自己熟悉的东西可以带来积极的收益。但可能会使整个企业陷入"技术诅咒"的陷阱，即沉迷于当前企业所掌握的技术中，并不断强化其技术的性能，不断地在现有技术领域追加投资，从而忽视新技术，这是颠覆性技术创新生成的大忌。目前对学习理论的相关研究已经取得进一步的成果，如在企业创新、组织吸收能力等方面。

制度理论中关于制度逻辑与注意力基础观的联系十分紧密，制度逻辑反映了特定制度文化背景和社会认知背景下行为人的决策路径，任何个人或组织都无法逃避特定制度环境对他们的约束，在不同的制度环境下，高管团队在注意力分配规律上有差异，而其所做出的注意力分配方案也不相同，进而就产生不同行为和绩效结果。例如，在西方市场主导的市场环境下，企业高管团队的注意力可能更多地配置于市场信号；而在中国特色社会主义市场环境下，企业高管团队对政府相关政策以及社会资本的信息更有兴趣。

（四）注意力配置研究

关于注意力的配置，有学者认为，高管团队注意力配置对企业创新决策产生十分重要的影响。企业高管团队在分配有限的注意力过程中，高层管理者自身的属性可能会影响其注意力配置，这些自身属性主要是一些人口统计学特征，主要包括高管人员的性别、年龄、学历背景、职业经历、创新意识及职业价值观等。其中，高层管理者的职业价值观对其注意力配置尤其重要（秦瑞琳，2020）。鉴于当前社会倡导企业家的社会责任感，所以高管团队成员的职业价值观对于承担社会责任感方面具有非常重要的作用。高管团队成员的职业价值观来源于他们的三观，或者说，高管团队成员及整个团队的价值观对企业进行颠覆性技术创新决策产生极大的影响（Adams，2011）。因此，企业的战略决策路径在一定程度上反映出高管团队注意力配置的过程，是高管团队整体价值观的树立和构建的结果。在高管团队注意力分配过程中也需要关注企业自身的实际情况，因为只有这样才可能将注意力配置到适合企业的机会上。在此过程中，高管团队对于合适的投资机会的识别会直接影响企业未来的发展，而高管团队对投资机会的认知又会受到他们注意力的配置。

（五）注意力研究的困境

注意力研究最重要的困境之一，就是如何获取注意力相关测量的数据。当前学界采用的普遍做法是文本分析。而对于公司内部会议、内部文件的获取几乎是难以做到的，从这一点来说，文本分析法具有一定的局限性。所以，对文本分析法可获得的资料的真实性与权威性，学者们仍然保持一定的怀疑。他们认为公司的董事会报告及致股东的信这些文本资料并不能代表高管团队愿意透露所有的信息，这些文本资料只是上市公司按照监管部门的要求例行发布的程序性文件而已。此外，公司季度报告、年度报告等文本资料其内容本身就存在错误，所以对上述文本资料的分析可能无法判断公司在颠覆性创新方面配置的注意力信息是否真实。如 Abrahamson 和 Hambrick（1997）认为，致股东的信和年报等公开报告本身并不由决策层亲自撰写，而是由上市公司公共关系管理部门出具，它所表现出的决策者在创新方面的注意力信息存在一定程度的过滤性。同时业界学者考虑到，公司的董事会报告、致股东的信等文件与企业的长期发展规划相关，具有一定的机密性，不适合被用于展示和统计。因此，一些研究者试图在高管团队创新注意力研究过程中尝试使用其他方法进行数据资料的收集，尽可能使用直接获取一手资料并结合间接的二手数据获取企业内部文本资料，当然，这种方式对于研究人员资源与精力投入方面存在很大的挑战，因此其研究周期也比较长。例如，叶竹馨和买忆嫒（2016）选取了武汉高新区六家高科技的创业公司，同时使用半结构化访谈形式、进行问卷调查等来获取企业内部文本和公开报告数据进行统计分析。总之，对高管团队注意力的测量，文本分析法是目前运用比较普遍的方法，所测得的结果是否具有足够的信度和效度，取决于文本资料的来源是否真实可靠。上市公司的公开信息在获取上较为容易，而其真实程度则无法得到准确的判断，如果能够获取真实性较高的企业内部信息，则能够在很大程度上提升测量结果的有效性，从而对相关研究做出贡献。

第二节　企业颠覆性技术创新研究综述

一、企业颠覆性技术创新研究概述

早期关于颠覆性创新的研究都是以颠覆性技术为基础的，所以大部分的研究是基于产品或技术的角度进行的。Christensen（1997）最先认为颠覆性技术是一种低价格、低成本、低性能、比现有技术更容易操作的技术，此外，利基市场由于监管壁垒性壁垒较小往往被在位者忽视。在主流市场客户逐渐接受由颠覆性技术所产生的产品的过程中，利基市场无须改变其原有工作模式，所以颠覆性技术通常很简单。

紧接着，Christensen 和 Raynor（2003）分析了部分企业在低端市场和新兴市场的颠覆性创新，他们认为，过去新市场基于颠覆性创新市场的研究可能是因为价格高或技术特性（如尺寸）等原因无法应用到原技术产品，但对于偏好使用操作简单、价格经济实惠的创新型产品的客户来说，产品的性能也可以帮助客户更简单、更高效、更安全地完成他们想要完成的任务；中低端颠覆性创新市场最初提供的产品质量已经达到了足够高的水平，可以创造出不同的技术轨迹或模式（新旧的区别）。

Christensen（1997）认为，颠覆性创新是指企业以颠覆性技术为基础，向非主流市场提供更廉价、更简单、更方便的产品。并不断地腐蚀，最终打破现有技术产品的主流市场，通过快速的产品性能提升最终颠覆现有技术产品主流市场的创新。虽然新技术产生的产品最初低于消费市场需求的消费绩效维度，在进入市场之初只服务于利基市场或边缘市场，但它们实现了通过后期改进和创新来颠覆当前市场的最终目标。Danneels（2015）认为，颠覆性创新的本质是以技术创新为基础的创新，通过改变企业竞争所遵循的绩效评价轨迹，并且最终改变竞争结果。陈劲（2020）认为，颠覆性创新就是以颠覆性技术为基础的创新，它不一定是按照市场主流客户需求的主流性能轨道而进行改进的创新，它可能是暂时不能满足市场主流客户需求的创新。付玉秀和张洪石（2004）认为，颠覆性创新是产品市场评价的主要指标，甚至最终会导致相关产业重新洗牌。孙启贵等（2006）认为，颠覆性创新就是通过推出新产品或新服务，占领低端市场或新市场，并在后续的技术改进过程中逐渐提高产品的性能，最终破坏或取代现存主流市场的产品或服务的一类创新。可以看到，学者们的主要观点是从产品或技术展开的，很多学者将颠覆性技术看作颠覆性创新的基础和核心，颠覆性技术创新是颠覆性创新的主要形式。

随着颠覆性创新研究的不断深入，越来越多的学者认为颠覆性创新不仅仅依赖于颠覆性技术。深入了解市场需求和竞争也是颠覆性创新研究的一个重要方面，Brentain 和 Peid（2012）认为，颠覆性创新从根本上改变了客户与企业的关系，构建了新的市场秩序，实现了产品创新，颠覆了当前市场的主流产品。Kenagy 和 Christensen（2002）认为，颠覆性创新不仅是一种战略手段和管理工具，也是评价企业经营活动成功与否的一个重要视角，有助于企业采取创新的经营管理方式，实现企业的进一步扩张和规模化。Thomond等（2003）则认为，颠覆性创新是指已经成功开发的产品、服务、技术、流程或商业模式，它们改变了原有市场的竞争规律，改变或创造了当前主流市场的需求。在谈到低端颠覆性创新和新市场颠覆性创新时，Christensen 和 Raynor（2003）认为，颠覆性创新企业在产品功能、客户应用、商业服务模式等方面与当前现有主流市场的龙头企业竞争，而在新市场上是要与潜在顾客和开拓潜在需求开展对抗。Paap J. 和 Katz Ralph（2004）认为，颠覆性创新不仅是新技术研发、创新与应用的过程，也是商业服务组合模式创新的过程，它的发展也将颠覆企业的传统模式。Paap 和 Katz（2004）认为，颠覆性创新不仅是一种可能产生新市场的创新，而且是一种可以通过创造新的业务流程为企业带来新的企业绩效和新动力的创新。吴贵生和谢伟（1997）认为，颠覆性创新是一种破坏竞争力的创新，企业通过提供一套不同的产品性能组合或者不相似的性能实现方式来开拓新市场。陈继祥和王敏（2009）则考虑到，颠覆性创新不仅开辟了新的技术产品、服务、工艺和商业模式，而且改变了企业传统的市场竞争规则，从而改变了现如今的市场需求。

结合以上各观点，学者们主要从产品/技术视角、市场/企业视角等对颠覆性创新进行研究和定义。从以上分析可以看出，对于颠覆性创新的定义主要体现在以下几个方面：

（1）颠覆性创新对应持续性创新，颠覆性创新的产生、成长与最终实现颠覆与持续性创新密不可分。

（2）颠覆性创新依赖于新技术的发展，进行维护性创新。

（3）颠覆性创新是一个缓慢发展的过程，从技术创新开始到实现市场颠覆，颠覆性创新不断地壮大，最终颠覆了原有的技术产品，改变了市场的规则。

二、企业颠覆性技术创新的特征

Leifer 和 Connoer（2001）从技术创新的新视角出发提出了颠覆性创新的特点：一是具有新的性能特点；二是重要业绩指标增长 5 倍以上；三是成本降低了 30% 以上。Lettice 和 Thomond（2008）认为，颠覆性创新必须具备以下五个特征：一是满足新市场或小众市场没有满足的需求。二是其性能在很大程度上取决于新市场或小众市场的客户，但可能一开始不被主流市场所接受。主流市场上的客户和竞争对手对产品的主流性能感兴趣，而颠覆性创新却被视为主流性能不达标。三是他们认为新进入者应继续加大产品、服务和商业模式的投入，进而提升产品水平，最终赢得更多的顾客。四是影响和加强主流市场顾客对颠覆性产品的认知，随着产品、服务和商业模式的性能与认可度不断提升，主流市场开始改变对颠覆性创新的价值理解。五是要争取在主流市场得到顾客的认可，从而颠覆现有市场和原有市场。

Kostoff（2004）给出了颠覆性创新技术产品的七大特征，如图 4-2 所示。

Govindarajan（2006）指出颠覆性创新有五个特点：新技术产品在主流市场需求中的表现较低；主流客户不认可任何新的辅助性能，新技术产品不被主流市场接受；新技术产品在进入市场初期只能吸引低端客户，不能满足龙

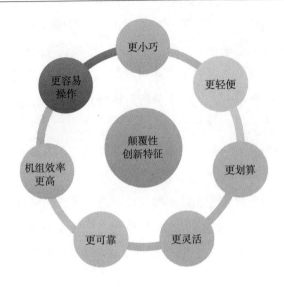

图 4-2　颠覆性创新特征

头企业的要求；由于新技术产品在初期只吸引低端和对价格敏感的客户，导致利润较低，经营组合更容易；随着研发投入和产品主要性能的提升，新技术产品可以逐步侵入主流市场，从而吸引主流市场的客户。

由以上文献可以看出，很多学者对颠覆性创新特征的研究都是基于颠覆性创新成长变化过程，从低端进入市场，到基于市场的发展，再到实现颠覆性的竞争力。每个学者对颠覆性创新的理解不同，对颠覆性创新特征的表达也不尽相同，但可以将颠覆性创新的本质特征梳理如下：

（1）基于新的技术轨迹。颠覆性创新本质上是一种创新，颠覆性创新是基于新技术或新商业模式的创新。而且颠覆性创新的开发一般偏离市场对现有技术产品主流性能的需求，是新技术创新或产品性能的新组合。

（2）起步阶段以非主流市场为基础。从上述学者的理论来看，颠覆性创新在刚进入市场时具有低端或新市场需求的特点，一开始就不是以主流市场为基础。但总体来看，颠覆性技术的主流表现不如最初的技术产品首次进入市场时的性能。因此，颠覆性创新在初始阶段是非竞争性的，即不与现有主流市场竞争对手竞争用户。

（3）形成了新的价值体系。颠覆性创新主要面向两类客户：一类是低端市场客户；另一类是新市场客户。颠覆性创新积极规避了主流市场和客户对产品高性能的要求，为客户提供了价廉、轻便、灵活、简便、高效的单位价值，或寻找新的小众市场，建立新的客户价值体系。

第三节　本章小结

本章主要对高管团队注意力和企业颠覆性技术创新的相关研究进行了回顾。关于高管团队注意力的研究主要基于组织理论与高阶理论两个方面。

第一，基于组织理论视角。1984 年，Hambrick 和 Mason 在论文《高阶：组织作为高层管理人员的反映》中提出了高阶理论（UEP），之后成为众多学者研究高管团队的理论基础，有关高管团队的相关概念日渐完善，从高管团队人口特征分析开始，Hambrick 和 Mason 提出的高阶理论，开启了高管团队分析一直注重以高管团队多样性研究为主的趋势。通过阅读 Hambrick 近年来的主要文献并进行概括，以能够理清几十年来高管团队研究的脉络，从而更加深入地学习相关理论，进一步讨论高管团队注意力对企业进行颠覆性技术创新行为的影响。

为了探讨企业之间的绩效差异，需要对做出决策的高管团队进行研究，Hambrick 和 Phyllis（1984）对 CEO 领导力的研究已经扩展并应用于高层管理团队。从组织作为高管团队的反映研究中发现，高层管理团队的人口学特征与组织绩效有关。1987 年，Hambrick 通过研究不同产业上的经营自主权来探讨高管团队特征与组织成果之间的关系。他通过管理人员的自由裁量权，引出了高管团队对组织绩效影响的理论基于决定管理自由裁量权的管理因素、组织因素以及管理特征因素，划分了各产业高管团队的特点差异。1990 年，Hambrick 提出了组织成果与高层管理团队的组成之间的关系。之后 Hambrick 与 Brandon 等进行合作，提出了高管人员在任职期间的动态模型以及除高管团队特性外，还需要考虑到高管团队的社交网络（Social Network）能力。然而在实际的组织工作中，由于最高经营者对高管团队构成的影响，因此有必要把最高经营者从高管团队中分离出来单独研究。Hambrick 等（2007）发现，组织中高级管理人员的积极或消极态度对企业战略有至关重要的影响。后来 Hambrick 重述了最初提出高阶理论的文章，讨论了该理论的后续改进，并为未来的高管团队研究提供了几种有希望的途径（Donald，2007）。

第二，基于高阶理论视角。高管作为创新决策的主体，是影响企业创新的重要因素。高阶理论认为高管团队的成员是有限理性的，其战略决策受到人口统计学特质影响。本章梳理了大量高管团队相关文献资料，结合当前的研究成果，从高管团队成员自身素质的角度回顾高管团队注意相关研究。基于高阶理论的文献主要集中在以下两方面：一是高管人口统计学特征；二是高层管理人员的过往经历，这些经历造就了高层管理人员特有的品质和认知。

关于企业颠覆性技术创新的研究，首先给出了颠覆性技术创新的定义，主要表现在颠覆性创新的产生、成长、颠覆性创新依赖于新技术的发展及颠覆性创新的过程性方面的内容。其次对企业颠覆性技术创新研究现状进行评述，主要阐述颠覆性技术创新产品的七大特征。本章围绕本书两个核心概念回顾当前研究情况，为后续实证研究打下坚实的理论基础。

第五章 高管团队注意力对企业颠覆性技术创新行为的影响

在竞争日益激烈的市场中，越来越多的企业认识到了创新的重要性，并逐步加大在创新方面的投入力度，以求提高自身的市场竞争力。但近年来许多中小企业所尝试的创新投资结果都不理想，并因此承担了巨大的创新风险。一些中小企业在创新方面的投资不足，一方面是因为其资金实力受限，另一方面是对创新失败所承担的后果有所顾虑。所以，部分中小企业在创新投资时抱有"搭便车"的心理，决策层在进行技术投资方案选择时参考了已有的风向，这在一定程度上说明了投资的最佳时机已经错过，导致所选择的创新方案无法获得预期的绩效。本章将主要研究高管团队注意力对企业颠覆性技术创新行为的影响，着重研究高管团队的注意力配置情况是否能够影响企业做出颠覆性技术创新方面的决策。

第一节 理论与实证研究

一、高管团队注意力影响企业颠覆性技术创新的理论分析

有学者曾指出影响企业颠覆性技术创新的前置因素，其中高管层面的因

素非常重要。所以，很多学者将高管团队注意力作为一个重要解释变量研究企业颠覆性技术创新。如果企业高管团队能够及时关注颠覆性技术，就很可能在这种技术上进行投资，并且能够应对来自颠覆性技术创新的威胁。高管团队的认知特征与战略选择过程中体现的行为相关，高管团队关注的方向会体现在他们的策略组合中。然而，由于高管团队成员的有限理性，注意力资源的稀缺性使高管团队注意力关注的焦点不同导致差异化的战略行为。颠覆性技术创新本质上是技术变革的特例，高管团队在面向颠覆性技术创新变革的情境下做出什么样的决策，对企业未来战略行动的成功与否起着至关重要的作用。关于高管团队注意力与企业颠覆性技术创新（技术不连续变革）之间关系的研究嵌入在寻找在位企业面临颠覆性技术环境时的战略选择和行动路径（李寅龙，2019）。

在企业技术变革过程中，会面临颠覆性技术的冲刷和潜在进入者的威胁。颠覆性技术的创新模式和技术演变既是在挑战现有技术的发展路径和市场模式，也是在成熟技术基础上寻求跳跃性突破。对于技术密集型企业而言，它们的生存和竞争优势的获取依赖于将颠覆性技术迅速引入当前的产品领域或者具备独辟蹊径的颠覆性技术创新能力。颠覆性技术创新企业通过调动和管理新的资源，构建新的竞争规制，从而找到颠覆性技术变革与新型技术生态融合的平衡点。基于以上理论分析，管理者的认知可以促进企业引入颠覆性技术或者具备颠覆性技术创新能力，也是企业创新成功的关键因素（李寅龙，2019）。

从高管团队在创新决策的过程中触发的认知模式来看，如果高层管理者倾向从环境中分离事件（或对象），则高层管理人员往往将注意力集中在技术的内部属性，而对不同技术之间的联系关注较少（Nisbett et al.，2001）。这种认知模式不利于产生颠覆性技术创新。过于关注技术改善可能会忽视技术在新的轨道上寻求突破，因为颠覆性技术产生的逻辑与技术轨道往往不会遵循原有技术的底层框架和研发路径。所以，在一定程度上高管团队的注意力对企业进行颠覆性技术创新有积极的影响。基于以上论述，提出以下研究假设：

假设：高管团队注意力对企业进行颠覆性技术创新有积极影响。

二、高管团队注意力影响企业颠覆性技术创新的实证研究

（一）解释变量与被解释变量

通过梳理有关高管团队注意力的文献发现，对于如何精准科学地测度、衡量企业高管团队注意力是学术界的一个难点。但这并不意味着完全无法对其进行测量，一些学者还是付出了努力。如文献中对企业高管团队注意力的测量，最常用的方法是文本分析法（Text Analysis）。文本分析法是一种利用所收集到的文本类资料等来分析以获取企业中决策层所聚焦的重点的方法，也就是决策层重点关注的信息或事务。文本分析法的原理是对词语的选择，这些词语反映了决策层进行注意力配置时个人的分类认知，而出现频率较高的词语一般可以认为是他们认知的中心地带，也是决策层在选择时顾虑最多的点；反之，那些出现频率非常低，或基本不运用的词语，一般被视作决策层成员的外围认知层面，可以视作代表与他们个体观念或行为互不相容的范围（Cho 和 Hambrick，2006）。通过对某些文本内容的挖掘，计算机软件会统计一些词频，或者对文本内容进行分析，从而推断发言人或文本提供者想表达的目的、意图、立场观点，充分显示了决策者关注的信息单元和注意力分配情况。李寅龙（2019）在其著作中详细介绍过关于文本挖掘技术的基本原理和文档主题生成模型（Latent Dirichlet Allocation，LDA）等内容。

秦瑞琳（2020）对文本分析的操作步骤作了具体解释：首先，在样本企业中，选定与决策层做出决策时相关性最大的词组，将其按属性归类。其次，对目标企业搜集获得的文本类资料内容进行文本捕捉，统计相关性词组在该文本资料中出现的频率，倘若频率越高，就说明决策层成员对其关注度越高，足以作为衡量决策层注意力的有效导向。此外，与关键词有相应联系的非指定词组，也能通过分析其占全篇文本资料的比值，间接提供衡量决策层的相对注意力指向。具体操作方式细分为七个步骤，如图 5-1 所示。

对于企业颠覆性技术创新行为的测量及企业进行颠覆性创新行为数据的获取，本书借鉴李寅龙（2019）的做法，通过企业专利申请领域（根据专利

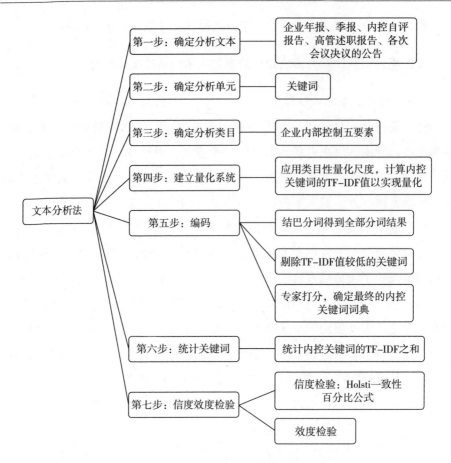

图5-1 文本分析步骤

资料来源：秦瑞琳．高管团队注意力与内控缺陷披露的影响研究［D］．昆明：云南财经大学，2020.

申请的主分类号判断）是否发生了跳跃式变化来进行判断。具体而言，在连续年份的专利申请中其专利申请是否发生了趋势性的变化，并根据其变化的幅度来判断企业进行颠覆性创新行为的程度。为此，本书从中国专利数据库及科技创新情报平台收集到了 122 家样本企业 2006～2022 年的专利申请数据。

（二）资料来源

文本分析法在一定程度上依赖文字记载的资料。因此，资料来源从根源上影响测量结果。从一些学者的相关研究中，本书发现学者们选取的文本资料来源有一定的共同特性，即通过问卷调查或凭借实地访谈进行记录的文本为主要手段获取文本数据，如果可能的话还会通过获取相关授权后取得企业的管理数据库的访问权限，也可以通过查找上市公司公开发布的文件、公告和公开披露的季报、年报等，以这些途径来得到更多的文本资料。

例如，Levy（2005）就是根据选取的上市公司公布的年报中股东信件，以及通过问卷调查收集的一些数据，来测量公司决策层的认知中心、心理架构以及部分战略活动过程。他选择竞争者、内外市场环境、品牌供应商、联合合作者及顾客作为衡量标准词，来测度决策层对企业外部环境的注意力配置；再以董事会、高层决策者、大股东和员工四个词组来测度该上市公司决策层给企业内部的注意力配置。此外，吴建祖和毕玉胜（2013）以企业高层决策人员公开讲话的文稿资料以及上市公司发布的季报、年报为分析材料，获取数据，再用文本分析法测度决策层的注意力。综上所述，运用文本分析法测量注意力时，文本资料的来源多数为上市公司的公开文件，包括季报、年报、公开讲话的文本资料、公开披露的股东信件等。借鉴上述学者的研究方法，本书收集了122家上市公司的727份文本数据（见表5-1）。

表5-1 样本数据

文本类型	数量	上市公司数量	非上市公司数量	国有企业	民营企业
给股东的信	17	12	5	4	13
公司公告	389	295	94	146	243
公司季报、半年报及年报	321	279	42	176	145
合计	727	586	141	326	401

（三）控制变量

为了有效控制其他因素对企业颠覆性创新行为的影响，本书从企业自身因素与高管团队特质两方面引入控制变量。具体而言，从企业层面来看，按照吴建祖和华欣意（2021）的观点，企业自身特征会影响其战略决策，所以本书控制了企业的规模、年龄及其他企业自身因素可能会从不同的角度对企业的创新战略产生影响（如研发强度）。高管团队特质层面，本书控制了两职合一、高管团队的人数等变量。

（四）计量模型

为了验证企业高管团队注意力配置对企业颠覆性创新行为的影响效应，本书构建了以下计量模型：

$$DIBE_{it} = \beta_0 + \beta_1 CTMTA_{it} + \beta_2 Size_{it} + \beta_3 Age_{it} + \beta_4 RD_{it} + \beta_5 TMTsize_{it} + \beta_6 Duality_{it} + \varepsilon_{it}$$

其中，$DIBE$ 为企业颠覆性创新行为（Disruptive Innovation Behavior of Enterprises）；$CTMTA$ 为企业高管团队注意力（Corporate Top Management Team Attention）；$Size$ 为样本企业的规模；Age 为样本企业成长的年限；RD 为企业的研发强度；$TMTsize$ 为企业高管团队的规模；$Duality$ 为企业两职合一；ε 为随机误差项。各变量的名称、代码及主要计量方法如表5-2所示。

表5-2 变量列表

变量类型	变量名称	变量代码	变量计量方法
被解释变量	企业颠覆性创新行为	$DIBE$	专利申请的主分类号的变化程度，如果企业相邻两年的主分类号没有发生变化，赋值"0"；如果企业相邻两年的主分类号发生变化，则赋值"1"
解释变量	企业高管团队注意力	$CTMTA$	样本企业文本资料中特定词汇出现的次数/千字
控制变量	企业规模	$Size$	企业资产的自然对数
	成长年限	Age	变量取值的年份减去成立年份
	研发强度	RD	研发费用/销售收入
	高管团队规模	$TMTsize$	高管团队成员数量
	两职合一	$Duality$	总经理和董事长两职为一人时赋值"1"

由表5-3中的变量描述性统计可知，122家样本企业的727个观测值的变量数值的最大值、最小值、平均值及标准差统计情况，可以大致把握样本数据变量观测值在各统计特征的分布情况。表5-3显示，样本企业颠覆性创新行为的均值为0.223，说明整体上企业颠覆性创新程度不高，还是以模仿

式创新或维持性创新为主。样本企业高管团队注意力的最大值为 67.000，最小值为 3.000，平均值为 33.054，表明样本企业高管对颠覆性创新分配的注意力不足，但是其标准差为 27.031，说明不同的企业高管在对待颠覆性创新行为的差异很大。企业规模最大值为 26.996，最小值为 16.549，均值为 20.112，标准差是 3.122。成长年限均值为 7.896，标准差偏大，为 5.879，其他三项内容研发强度、高管团队规模及两职合一的各项数据均没有明显异常，基本符合常态化数值标准范畴。

表 5-3　变量描述性统计

变量名称	最大值	最小值	平均值	标准差
企业颠覆性创新行为	1.000	0.000	0.223	0.511
企业高管团队注意力	67.000	3.000	33.054	27.031
企业规模	26.996	16.549	20.112	3.122
成长年限	17.000	3.000	7.896	5.879
研发强度	1.348	0.207	0.801	0.346
高管团队规模	19.000	5.000	9.166	3.876
两职合一	1.000	0.000	0.602	0.523

（五）实证结果分析

表 5-4 的结果表明，各变量之间关系与理论与假设中变量间的逻辑关系基本一致。其中，解释变量高管团队注意力与企业颠覆性创新行为显著正相关。此外，企业规模与企业成长年限均与企业颠覆性创新负相关，但成长年限并不显著。而研发强度与颠覆性创新显著正相关。

表 5-4　高管团队注意力对企业颠覆性创新行为影响的结果

变量	DIBE			
	（1）	（2）	（3）	（4）
Size	-0.276**	-0.309***	-0.441***	-0.106*
	(0.023)	(0.034)	(0.041)	(0.048)

续表

变量	DIBE			
	（1）	（2）	（3）	（4）
Age	−0.021	−0.132	−0.421*	−0.009
	（0.002）	（0.053）	（0.011）	（0.022）
RD	1.342**	1.342**	0.865*	0.808**
	（0.204）	（0.204）	（0.197）	（0.180）
TMTsize	0.011	0.011	0.012	0.012
	（0.007）	（0.007）	（0.009）	（0.009）
Duality	0.013	0.013	0.013	0.013
	（0.004）	（0.004）	（0.004）	（0.004）
CTMTA				2.808**
				（0.774）
个体效应	No	No	No	Yes
年度效应	No	Yes	Yes	Yes
Groups	122	122	122	122
Number	727	727	727	727
adj−R^2	0.122	0.209	0.176	0.374

注：***、**、*分别表示在1%、5%、10%水平上显著；括号中的值是 White 稳健型标准误。

在关于高管团队注意力对企业颠覆性创新的固定效应模型回归结果中，模型（1）作为基准模型只考虑控制变量对解释变量的影响，模型（2）增加了个体虚拟变量，模型（3）进一步增加了年度虚拟变量，模型（4）增加了解释变量。回归结果表明，高管团队注意力（CTMTA）与企业颠覆性创新行为（DIBE）显著负相关［以模型（4）为例，估计系数为 $\beta_1 = 2.808$，$p<0.05$］。高管团队层面的两个控制变量高管团队规模（TMTsize）与高管两职合一（Duality）情况并没有影响企业的颠覆性创新行为。至此，本部分提出的假设，即高管团队注意力对企业进行颠覆性技术创新有积极影响成立。

第二节 案例研究

众所周知，企业的突破性技术创新风险非常高，这也是一些企业不愿意在颠覆性技术创新方面过多投入的原因之一。特别是对于那些拥有相对成熟技术的大企业而言，如果做出改变，势必要进行大规模的投入，还要革新企业原有的技术，现有的市场和财务状况也会受到影响。然而，一些中小企业如果想要在现有市场占有一席之地，就必须面对在位企业的强大竞争力。而现有市场及相关产品的技术等都被一些大企业垄断，导致中小企业面临较高的进入壁垒。中小企业采取的策略往往不是和在位大企业正面交锋，而是采用通过技术突破对行业现有的技术进行革新，以新的技术轨道打破行业壁垒。因为中小企业想要进入一个行业，其自身所具有的技术及相关设备等相对于大企业来说成本要低很多，所以创新对中小企业来说有很多优势，如果能找到新的方法或者新的方式，它们就可以有弯道超车的机会。

我国要实现现代化、建立世界领先的现代产业体系，企业需要在具有原创性强、颠覆性技术创新方面进行努力，也需要开辟新的研究及应用领域。只有这样，中国的企业才有可能在严酷且复杂的国际竞争环境中保持领先。对于那些新建立的企业要想开拓市场，打败以前垄断行业巨头，只有对行业内的技术进行颠覆性的创新，才足以击穿壁垒打破垄断。这些年中国的企业在不断学习西方优秀企业的同时也走出了一条具有中国特色的创新模式。鉴于宝洁、苹果、阿里巴巴及特斯拉这四家公司都是新型的企业，它们以不同于以往的方式进入市场。本书以这些企业为案例，对其颠覆性创新行为进行分析，以供其他企业借鉴。其中宝洁公司提供构建开放式研发平台搭建创新体系；苹果公司是定义了智能手机，将传统的通信工具转变为集通信、娱乐、社交及办公等于一体的智能系统；阿里巴巴是运用互联网与零售巨头博弈，打破了传统线下购物模式；特斯拉致力于新能源，将可持续能源与交通出行建立关联。这些企业的颠覆性创新模式都是典型的通过技术或商业模式的不断创新，挑战行业巨头，并且成功占据行业龙头位置。以下将详细分析这些企业。

一、高管团队注意力对企业技术创新行为的影响实例——以宝洁公司为例

（一）宝洁（P&G）公司简介

1837 年，宝洁公司的创始人 Procter 和 Gamble 在美国俄亥俄州辛辛那提市创办了宝洁公司（P&G），宝洁公司是目前世界上最大的日用消费品制造商之一，至今已有 170 余年历史。宝洁公司通过其旗下品牌服务全球大约 48 亿人。公司拥有众多深受信赖的优质、领先品牌，在全球大约 70 个国家和地区开展业务。几十年来，宝洁在中国的业务发展取得了飞速的发展，主要表现在建立了领先的大品牌、业务保持了强劲的增长、建立了出色的组织架构，以及承诺做模范企业公民等方面（李梦娜和魏伟，2015）。宝洁的经营宗旨是：在现在和未来的世世代代确保每个人有更高的生活质量，本着尊重每一位员工及重视创新的原则，宝洁公司力求做到最好，并且始终作为消费产品行业的巨头企业不断向前。

（二）宝洁公司发展困境

宝洁公司致力于美化全世界消费者的生活，坚持可持续发展战略，并承诺始终坚持以人为本的发展理念，然而在企业创立百余年之后的今天，它仍然面临着一些潜在的危机。

1. 已有的品牌管理模式过于保守

作为已经发展了近两百年的行业龙头企业，宝洁公司有着自己的一套品牌管理模式以及相对于比较固定的管理理念，企业多年来的蓬勃发展让企业高管对于其现有的管理模式深信不疑，大部分任期较长的企业高管对于新的管理理念和管理模式持怀疑态度，宝洁公司也由此一直持续沿用其原有的模式。而随着消费市场以及消费群体升级，原有的经验理念已在一定程度上失去价值，品牌上的保守主义已经导致宝洁公司在市场上失分不少，再加上领导者趋于规避风险的领导风格，使其在做决策时显得畏首畏尾，缺少有效的信息沟通渠道，宝洁公司不得不继续采用旧的发展战略。然而在当今复杂多变的市场环境下，只是一味求稳，不做出变革，不去开发新的市场，显然是不利于企业绩效提升的。

2. 企业产品的创新能力不足

现阶段日用洗护用品行业的发展状况是进入壁垒低、竞争对手较多、品牌创新技术少，在这一点上，对于宝洁公司是非常不利的。在洗护用品行列品牌较多，其中不乏一些小品牌靠着低价格策略与行业中其他企业竞争，没有产品创新的前提下，低价格策略在市场上很奏效。在产品本身相差不大的前提下，消费者更倾向于购买价格较低的产品，这也直接导致像宝洁公司这样的企业面临产品老化的危机。由于产品同质化程度较高，创新没有在产品功效、使用效能等方面发挥作用，导致行业竞争主要以价格作为竞争的手段，技术因素在不同企业产品中没有表现出差异化特质。

3. 国内市场投放产品速度较慢

在国内的市场上，宝洁公司的产品投放速度显然比较慢。例如，早在2007年，中国市场就已经开始推行草本植物的概念，各家化妆品巨头都开始推行美肤产品，而宝洁公司在5年后才开始推出全新护肤品品牌"东方季道"，主打草本概念。根据国内市场的现状，在洗护用品行业，创新产品的热潮来得快去得也快，尤其是在消费者眼中，"先入为主"的概念更让宝洁公司因为产品投放速度摔了个大跟头。作为全球日用化妆品行业的佼佼者，宝洁公司在中国市场正受到内外夹击，同为外资品牌的欧莱雅、联合利华等逐步加大在华投资，对宝洁公司构成直接冲击。而一线、二线的本土日化品牌也在加速抢占中低端消费市场。面对残酷的市场竞争，宝洁公司在中国市场处于亏损的边缘。1998~1999年，宝洁公司在中国市场占有率迅速下降，如在洗发水市场的占有率从60%跌到40%。公司整体销售额下降了20%~30%。1999年，宝洁中国市场的业绩为39.17亿元，这个业绩已经跌破了其盈亏平衡线，导致业绩预警、利润下滑、股票也随之大幅下挫，股票在6个月间下跌超过50%，投资者对其失去了信心，可以说10年前的宝洁面对竞争对手节节败退，市场份额不断被蚕食。①

4. 本土竞争对手过多，竞争压力较大

在本土市场上，许多公司在单一产品上对宝洁公司造成较大威胁。以牙膏为例，根据齐鲁证券的研究报告，目前中国牙膏品牌形成三个梯队。宝洁公司的牙膏产品佳洁士虽然在第一梯队，但是面临着黑人、高露洁、云南白药和中华等众多牙膏产品的威胁。这些牙膏产品在市场上具有一定竞争力，瓜分了宝洁公司一定的市场份额。

（三）宝洁公司颠覆性技术创新行为

技术创新是企业扩大市场份额、提升企业服务品质、树立企业形象的重要组成部分，大型企业在快速发展过程中，不乏有许多具有颠覆性技术创新能力的人才出现。由此可见，技术创新对于企业绩效的实现非常重要。宝洁公司的高管显然也已经把注意力放到了这一点上，于是公司开始重视技术创新，有了高管团队的重视，宝洁公司也很快付诸行动。

在技术创新方面，宝洁公司通过 Innocentive 网站的"创新中心"平台将企业内部的部分研发任务发布到该网站，吸引来自世界各地的智囊团提供解决方案，并给予丰厚的报酬，近年来为企业节约了大量的研发成本。曾任宝洁公司董事长兼 CEO 的阿兰·乔治·雷富礼早在 2005 年就推出了产品研发的"CD 模式"，即所谓的"联发"（Connect and Develop）模式，要求宝洁的创新项目必须有 50% 来自公司外部。"联发"模式重新定义了宝洁公司与消费者、供应商的关系，使宝洁公司获得了源源不断的外部创新源泉。作为组织结构的创新成果，宝洁公司的"联发"模式被写进了哈佛商学院的教学案例中。

随着市场竞争的外部环境日益激烈，宝洁公司迅速改变其发展战略，放弃一贯的单一传统模式，选择利用开放的"众创"平台征集广泛的外部开放式合作创新战略，将来自企业外部的新想法融入企业自身的方案中，使宝洁公司的发展稳中有序。虽然宝洁公司已经宣布退市，但宝洁公司 99.99% 的交易实体在美股，退出的只是微乎其微的欧洲股市，还不至于退市清场。其实，

---

① 资料来源：全球案例发现系统中的中国工商管理案例库，案例题目是《宝洁的大品牌策略》。

宝洁公司的业绩自 2013 年就开始出现下滑趋势，虽然宝洁公司采取了创新方案，紧急补救其日益下滑的业绩，但在复杂多变的市场动荡下，宝洁公司所采取的措施着实慢了一些，而不得不承认，技术创新确实给宝洁公司带来了一定绩效改观，公司的高管也曾预见，应该精研核心品牌，保持创新研发优势。但宝洁公司最后选择了一边收购一边将创新研发交给收购来的企业，这一举措的正确性尚有待商榷，宝洁公司又迎来了电商带来的巨大冲击，造成了今天的局面。

二、苹果公司颠覆性技术创新战略

（一）苹果公司简介

苹果（Apple）公司成立于 1976 年，总部位于美国的加利福尼亚州，其联合创始人史蒂夫·乔布斯（Steve Jobs）曾经被尊称为美国最伟大的创新领袖之一。在苹果手机投入市场之前，苹果公司被称为美国苹果电脑公司，它的产品主要针对电脑市场及部分 MP3 行业市场等，在个人电脑市场曾一度达到饱和的时候，苹果公司加大研发投入，开发出苹果智能手机，以一个相对亲民的价格投入市场。之后，在智能手机市场迅速占领了较大的市场份额。苹果公司从成立以来就一直富有创新精神，其每个新产品的推出都极具颠覆性，其产品从 iMac 计算机到 iTunes 音乐播放器再到 iPhone 手机，苹果公司每一次推出新的产品都在颠覆行业对产品的认知。苹果公司可以被称为美国高科技的传奇，它以 iOS 系统等构建出了苹果独一无二的智能生态系统，推动了世界进入智能时代。2012 年，苹果公司的市值超越了微软公司，成为世界市值第一的上市公司，位于《财富》杂志世界 500 强排行榜第 55 位。

有学者将苹果公司发展史划分为四个阶段，分别是创业阶段、惨淡经营阶段、高速增长阶段和稳健经营阶段（叶健，2009）。根据 IDC 公布的 2016 年的全球智能手机销售数据，苹果公司的 iPhone 手机的销量在当时排名第二。苹果公司在推出 iPhone 后股价出现了爆发式的增长，在那之后其公司的股价又呈现波浪式的增长，2006 年苹果公司的市值是 600 亿美元，2012 年达到了 5200 亿美元，2018 年更是突破了 1 万亿美元。苹果公司 2018 年的财务指标维持稳定增长，根据其年报显示，2018 年的营业收入相较于 2017 年增长了 16%，达到了 2655.95 亿美元，其净利润更是增长了 23%，超过了其预期目标（吴玥瑭，2019）。苹果公司取得如此大的成功的原因之一是其对手机行业的颠覆性技术创新，以下对其进行简要的分析。

（二）苹果公司发展情况分析

本书主要从苹果公司战略、苹果公司高管团队，以及其颠覆性创新三个方面进行简要的分析。

1. 苹果公司的战略分析

从苹果公司的财务报告可以看出，苹果公司在研发新产品、新技术上投入了大量资源，这种高强度投入在一定程度上对苹果公司成功实施创新战略有重要的支撑，此外，苹果公司的战略也发挥了重要的作用。苹果公司采取了成本领先战略、差异化战略、产品整合一体化战略等（袁月，2012），在产品生产方面，该公司采取了成本领先战略，苹果公司以较低价格收购其他公司，直接将它们的技术整合到自己的产品上，降低了研发投入，避免了自身研发的有限性。通过集中化战略，一个行业市场只生产一种产品（通过单品爆款模式达到大规模生产实现规模经济），以及实施饥饿营销战略，使产品售价较高，最终使该公司产品成本较低但是销量不低，达到利润回报高的结果。

苹果公司的手机定位于高端市场。外形上追求极致的美和科技感，机体减少一定的重量便于携带，极大地满足了追求时尚潮流的年轻人、想专业地追求实用的商业人士及喜欢极致卓越的高收入人群。在使用功能定位方面，其手机集合了电脑、手机、音乐、摄像及其手机专用软件商城等各种功能，操作简单，而且每种功能都给顾客以极致舒适的体验。苹果公司的手机定价较高，他们并非采用撇脂定价，因为苹果手机面向的是对价格不太敏感的顾客群体，甚至它的一部分产品会在上市一段时间后退出市场，当其产品部分零件损坏后，可修理性不强，以增加销量，另外，在优惠折扣方面也相对较低。针对其目标顾客群体，其手机产品智能化程度较高，在一定场景可以通过手机处理一些办公文件，所以在一定程度上可以替代电脑（吴玥瑭，2019）。

此外，苹果公司采取了三种营销模式以增加其手机的销量。首先，体验式营销。苹果公司通过在各地开设零售体验店，让顾客在购买前可以零距离体验，先尝试使用，再决定购买，以提升顾客的购买意愿（陈蓓蕾，2013）。而且，在零售体验店消费者可以享受门店优质的服务，解决在产品过程中出现的问题，例如，如何维护手机以增加使用时长。其次，饥饿营销。苹果公司控制市场上流通的手机产品数量，以形成卖方市场，获得销售的主导地位。实际上，苹果公司的饥饿营销策略之所以能获得成功，主要是因为其公司的口碑营销，通过口碑营销，让消费者对其产品获得满意评价，进而获得完美体验。最后，通过自己的人际关系圈传播，以获得其目标顾客群体的推崇（吴玥瑭，2019）。

2. 苹果公司高管团队与颠覆性创新

在苹果公司的创业阶段，由乔布斯为核心成员的高管团队不仅是该公司的创始人和实际控制人，也是苹果公司的精神领袖，该阶段苹果公司俨然已经乔布斯化了。苹果公司的战略可以说在一定程度上是乔布斯意志的体现。最初苹果公司以创新研发为主，对风险的关注较少。而随着乔布斯的离开，企业管理层对市场的把握出现了偏差，导致企业竞争力开始渐渐下降，惨淡经营勉强维持着公司运转。1998年后，乔布斯重新回到苹果公司，调整了之前的战略，使苹果公司得以重新发展起来，实现了战略性突破（黄明，2018）。2011年10月，乔布斯离世，苹果公司高管团队发生重大调整，而此时的苹果公司也处于平稳发展的阶段。根据对苹果公司高管团队的一个分析，本书对苹果公司的颠覆性技术创新情况做出以下分析：

第一，通过对其财务报表中研发投入的数据分析发现，苹果公司在研发方面的投入占销售额的比重较大，通过并购整合其他公司的创新技术，可以在短期内以较低的价格获得较高的收益。因为苹果公司非常重视产品差异化，基于对产品技术创新投入较大（包括服务创新），能吸引消费者的青睐。所以，苹果公司通过大量研发资金投入，推动了颠覆性技术创新实现。此外，在研发投入上较多资金不仅有利于企业颠覆性技术创新成功，还使苹果公司在战略策略、产品优化创新、技术提升创新上取得重大突破。

第二，在颠覆性技术创新战略的实施方面，苹果公司对产品技术创新更加偏好，苹果公司的高管团队可能更倾向于风险偏好（万华，2012）。这样，高管团队对于产品技术创新方面将会投入更多的注意力去获取相关信息。同时，对市场上的发生变化也能迅速地做出反应，通过匹配相关的人力、物力资源促使颠覆性创新战略得以实现。总而言之，苹果公司的颠覆性创新可能还与其他因素有关，如外部环境的不确定性。当外部环境的不确定性很高时，企业并不确定哪些技术创新会成为未来的主流技术，所以不会轻易否定某种技术存在的意义，即使一种技术创新在当时并非主流，也不会给企业带来财务上客观的现金流，但需要企业高管团队意识到未来这种技术创新的潜能，克里斯坦森（2014）曾就此给出了一个很好的建议，那就是允许企业中存在平行化的研发团队并得到企业高管团队的支持，使所有技术团队都有足够的财力支持并在企业内部不会受到歧视。

三、以淘宝为代表的线上购物模式对传统线下购物模式的颠覆性创新

淘宝的线上购物方式颠覆了我们对购物认知，改变了实体店商家与消费者面对面交易的传统模式，特别是对于一些年轻人而言，他们的购物意识已经发生了巨大的变化，之前人们想买东西首先想到的就是去商场，而如今却是拿出手机打开淘宝或者其他购物平台，直到多年以后人们可能不会再想起去商场购物，这就是在购物意识方面的颠覆性创新。这些互联网平台缔造的颠覆性技术创新就是在商家与买家之间搭建虚拟购物场景再加上线上支付系统和物流体系从而实现在线购物，这种新型的创新模式从推出到大规模流行之所以被消费者认可，其原因可能包括多渠道的购物选择、商品超高性价比等多方面，其中价格可能是非常具有吸引力的一个因素。

鞠雪楠和欧阳日辉（2019）将中国电子商务的发展分为三个阶段：第一阶段是 1999~2005 年的培育期；第二阶段是 2005~2015 年的创新期；第三阶段是 2015~2019 年的引领期。2005 年，《国务院办公厅关于加快电子商务发展的若干意见》的颁布标志着电子商务进入培育期和创新期的开始，这个文件为电商平台迅速崛起提供了政策支持。此后，支付宝公司成立并正式投入运营，快递行业得到迅速发展，为互联网电商提供了物流支持。2015 年，中

国的电子商务由创新期进入引领期，国务院发布了《国务院关于大力发展电子商务加快培育经济新动力的意见》，此外，共享经济模式也像雨后春笋般出现，如共享单车、新能源汽车等（见图5-2）。

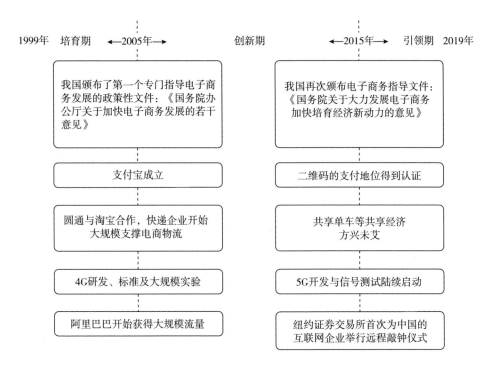

1999年　培育期　←2005年→　　　创新期　　　←2015年→　引领期　2019年

我国颁布了第一个专门指导电子商务发展的政策性文件：《国务院办公厅关于加快电子商务发展的若干意见》

我国再次颁布电子商务指导文件：《国务院关于大力发展电子商务加快培育经济新动力的意见》

支付宝成立

二维码的支付地位得到认证

圆通与淘宝合作，快递企业开始大规模支撑电商物流

共享单车等共享经济方兴未艾

4G研发、标准及大规模实验

5G开发与信号测试陆续启动

阿里巴巴开始获得大规模流量

纽约证券交易所首次为中国的互联网企业举行远程敲钟仪式

图5-2　中国电子商务发展划分与标志性事件

资料来源：鞠雪楠，欧阳日辉. 中国电子商务发展二十年：阶段划分、典型特征与趋势研判[J]. 新经济导刊，2019，274（3）：26-33.

以淘宝网为代表的线上购物模式创新推动了中国电子商务的兴起，以及对传统购物模式的颠覆，是中国零售行业的商业模式创新。以前我国的电子商务模式都是借鉴国外的发展模式。随着电子商务关键技术的不断突破，从之前的宽带网络和搜索引擎到当前的在线支付和配套物流系统，以及手机App和二维码支付等一系列技术逐渐成熟，产业集聚程度高，产业规模效应得以体现，这些企业的迅速崛起离不开其背后的主要创始人，例如，淘宝网的主要创始人马云、京东集团的主要创始人刘强东，以及互联网后起新秀拼多多的创始人黄峥，他们对互联网和电子商务的认知、关注及持续的投入造就了今天中国电商行业的繁荣。

四、特斯拉电动汽车对传统燃油汽车行业的颠覆

2003 年 7 月，马丁·艾伯哈德和马克·塔彭宁在美国的硅谷创办了特斯拉公司（Tesla Company，以下简称特斯拉）。特斯拉专注于纯电动汽车的研发和生产，经过 5 年的努力，于 2008 年将第一批装备锂电池的电动汽车推向市场。2008 年，德国的戴姆勒公司和日本的丰田公司对特斯拉进行了战略投资。2009 年，特斯拉得到了美国能源局 4.56 亿美元低息贷款。2010 年 6 月，特斯拉在纳斯达克成功上市，从 2003 年成立至 2010 年，特斯拉度过了创业初期的艰难时期并且慢慢开始规模化生产，先后推出 Tesla Model S 和 Tesla Model X 系列产品，其市场主要涉及敞篷跑车、轿车和 SUV。特斯拉致力于发展新能源汽车，打破了传统燃油汽车的动力模式，鉴于特斯拉汽车的技术创新能力极强，源于特斯拉的研发部门不断创新，其续航能力已经超越了传统的燃油车。而且作为新能源备受推崇的新时代，更是得到世界各地政府的大力支持。姚丽萍和任雪明（2016）关于特斯拉模式对中国新能源汽车行业启示的研究中，针对电动汽车续航里程相对传统燃油汽车的劣势，提出了关于特斯拉的技术创新模式的两种解决方案：其一是解决充电问题；其二是解决电动车续航里程问题。

首先，充电解决方案就是通过移动式充电器、用户家庭使用的充电桩和专业化快速充电桩构建的多维度充电组合方案。其中，第一种充电方式较为方便，随时随地即可充电，但是充电的时间较长，适用于电动汽车电量告急的情况下应急使用；第二种充电模式属于日常充电模式，在用户不使用车辆的状态下完成充电，续航充满的时间大约需要 4 小时；第三种专业化充电站模式主要满足快速充满的用户，但是需要利用超级充电站的专用充电设备实现。其次，是电动车续航里程解决方案。主要采用更换电池装置的方式实现续航里程解决方案，可以采用新技术延长电池续航里程，但是随着电池新材料的应用，其制造成本也会随之增加，这对于中低端的消费者而言是一笔不

小的支出。

特斯拉新能源电动汽车对传统燃油汽车的颠覆主要体现在动力系统，传统的燃油汽车的主要动力系统是燃油发动机，也就是汽车的核心部件，而一台燃油发动机则由数十个零部件构成，其背后可能会涉及若干发动机生产商，而电动汽车的动力提供者只是一组电池，并没有复杂的发动机系统，如果未来电动车大规模代替燃油汽车的话，势必会有很多与发动机制造相关的企业面临被颠覆的可能。

第三节　高管团队注意力影响企业颠覆性技术创新行为的诱因

企业颠覆性技术创新是指企业通过颠覆性技术在一个新的领域进行突破性、变革性的创新，通过替代现有主流技术的地位，开拓出新的市场空间和消费群体，创造更多的社会价值和效益，因而改变现有的市场竞争格局框架，生成新的市场竞争格局。依赖技术进步的趋势和变革路径，传统的"创新系统"模式演变成"创新生态"模式。通过相关文献梳理研究，本书总结了高管团队注意力影响企业进行颠覆性技术创新行为的诱因主要包括六个方面的内容：市场需求因素、技术驱动因素、企业家精神因素、企业的资源因素、竞争关系因素、外部政策环境因素。下面分别就这六个方面进行阐述。

一、市场需求因素

20世纪60年代，美国经济学家Schmookler（2005）认为市场需求对拉动技术创新有非常重要的意义，并提出了技术创新的需求促进模型。Schmookler认为，创新项目主要是由市场需求驱动的技术创新，其他的创新则是技术本身的不断完善。Myers和Marquis（1969）通过对五个行业的567个技术创新项目进行研究发现，每个创新项目在其启动之前已经有一定的市场需求，但其规模相对较小；只有当技术创新发生重大突破后消费会迅速升级，市场需求量出现井喷式增长，也就是说，创新前期有较小的市场需求，而技术在后期会进一步促进并释放市场潜力。Christensen 等（2018）认为，企业利用现有技术生产创造的产品其性能是过剩的，或者说超过 80% 的性能对于消费者而言并没有实际意义，但企业却因此耗费了巨大的资源。为什么企业会这样做？主要是因为企业想通过技术不断升级来满足绝大多数消费者的需求，因为消费者需求的多样性及差异化，不同的消费者具有不同的需求，这样企业就会不断地增加新的功能来满足这些消费者的需求。最终的结果是企业在当前技术轨道上产生巨大的资源消耗使其终究不能走出技术升级的诅咒，从而推动了颠覆性技术的革新。换句话说，主流技术与其生产的主流产品在当前消费领域是性能过剩的，但在其他市场领域却产生了市场缺口，让那些追求不同消费群体的在夹缝市场中生存的企业趁机进入，新的市场需求促使企业进行颠覆性技术创新行动。例如，微信支付、支付宝等移动支付方式与当代年轻人追求方便快捷的生活方式相适应，将在线支付与互联网交易相互结合，促进其在支付行业的颠覆性创新，推动线上支付模式的崛起与壮大。

二、技术驱动因素

技术进步驱动人类不断创新，从而促进经济社会繁荣发展。20 世纪三四十年代 Schumpeter（1934）首次提出技术进步主导技术创新的观点，他将技术进步看作是一个生产要素，与劳动、资本同等重要。Schumpeter 认为，技术创新行为总体呈线性发展的状态，技术发展推动技术创新，促使企业家领导的企业不断地更快、更高效地开展技术创新。麦迪逊（1982）曾发现一个有意义的现象，那就是科学技术的加速发展推动了技术创新。一个产业的发展更是离不开科学技术的推动。

张维迎（2023）曾表示，人类过去 250 多年的经济增长，是三次工业革命的结果。第一次工业革命大约从 18 世纪 60 年代开始，持续到 1840 年，其标志是蒸汽动力的使用、纺织业的机械化和冶金工业的变革；第二次工业革命大约从 19 世纪 60 年代开始，持续到第二次世界大战前，其标志是电力和内燃机的发明和应用，还有石油、化学工业、家用电器等新产业的出现；第三次工业革命大约从 20 世纪 50 年代开始，直至现在，其标志是计算机的发明、信息化和通信产业的变革。

张维迎提到的三次工业革命中的技术，无论是蒸汽机动力技术、电力及内燃机技术还是计算机技术的出现都是颠覆性创新技术。颠覆性技术创新是在颠覆性技术的基础上，由企业引入并从低端市场切入，突出重围，颠覆当前主流技术的市场地位，通过开拓新的市场，创造并产生更多的社会效益，改变原有市场的竞争格局，生成新的市场竞争格局，集突变性、不明确性、时间有效性、超越性等多种特征于一体。在以往很多成功的事例中，由于企业及时采用了颠覆性技术，为企业的确带来颠覆性技术产品，为消费者带来新的价值体验，在市场竞争中获得新的竞争优势。

三、企业家精神因素

彼得·德鲁克（2007）在《创新与企业家精神》一书中写道：所谓企业家精神，总结起来就是"颠覆现状、推陈出新"。企业家精神的核心就是创新！用熊彼特（Schumpeter）的话来说就是，企业家所做的事叫作创造性破坏！即破坏掉之前的规则、之前的市场，不断地创造，继而让这个世界变得更好。

Schumpeter（1934）发现了企业家推动技术创新的现象，因此他认为创新是企业家精神的核心。其他学者也赞同企业家精神在技术创新中发挥着重要作用。颠覆性技术带来的创新通常是不确定性的，这种不确定性表现为：某种技术是否能够研发成功；巨大研发资金的投入能否收回；某些技术推向市场或商业化之后是否会得到市场的认可；技术的生命周期的长短，是否存在所研发的技术在成果之后面临即将被淘汰的可能性。

上述四个方面的不确定性都需要企业家面对并为之付出代价。当然，这些颠覆性技术创新项目一旦成功的话，企业家也会享受由其带来的超额回报。颠覆性技术创新所带来的这种不确定性即风险，这些风险体现为人类对世界的探索。Knight（1921）在《风险、不确定性和收益》一书中提到，企业家都希望能规避风险，很好地应对不确定性。企业家不仅要有识别市场需求的洞见，还要有组织实施颠覆性技术的能力。当主流产品性能过剩时，企业家需要发现缝隙市场存在的需求和隐含的颠覆性技术，并决定是否采用并挖掘潜在市场，改变原有技术体系，以及决定是否生产新的产品。当企业家在采用颠覆性技术、整合资源等一系列行为时，其目的是创造新的市场，给企业的发展带来新的动力，重新塑造新的市场竞争格局，他们并不会直接参与当前市场现有竞争，而是通常会采用迂回的方式进攻，最终进入主流市场，并逐渐使企业在日益激烈的市场竞争大环境中脱颖而出。

四、企业的资源因素

按照巴尼（Bany）的资源基础观，形成企业核心竞争优势的最终要素是企业所拥有的独特的资源，这些资源具有其他企业不具备的特征，即不可替代性和难以模仿性。即使企业的高管团队注意到了某种技术在未来的潜质，并决定大力开发这种技术，但如果没有强大而独特的资源支撑也是难以实现的，强大的资源需要技术开发的可持续性和对创新项目失败的承受的韧性，而资源的独特性体现创新技术或项目开发后对其他企业所形成的壁垒。颠覆性创新技术刚出现时，很少受到重视，其市场份额相对较小，所以往往不能给企业带来可观的现金流量，这时候也是考验企业高管团队对是否能够着眼于长期视角，当然其前提是该项创新技术在未来确实可以成为主流技术。

多数企业的决策层对一项不明朗甚至悲观的项目创新保持谨慎，甚至排斥，此时并不会将企业有限的人力、物力、财力等资源向创新项目倾斜。所以，颠覆性创新项目初期所必备的研究开发资金、人才资源、市场中的信息等创新因素对本企业的颠覆性技术变革十分重要，如果没有必要资源的跟进，势必会导致这些创新技术夭折。此外，是否可以坦然面对颠覆性技术所产生的不确定性，换句话说，如果这个颠覆性技术创新项目真的失败了，企业是否具有足够的容错机制及对其团队足够的包容。对于那些资产状况堪忧的企业而言，这可能是比较困难的，因为资产状况决定了能否采用颠覆性技术来更新技术体系并投入生产以获取不可知的利润。因此，在产业的颠覆性技术演进过程中，企业自身的资源（包括有形的人财物、制度资源及组织资源等）非常重要，这也意味着需要企业高管团队和研发机构成为合作共同体共享基础性资源，相辅相成、协同创新，不断地优化资源的配置及使用，共同拓展颠覆性的技术框架。

五、竞争关系因素

通常情况下，学者们都认为市场竞争是市场经济发展的驱动力。任何颠覆性技术创新最后一定要将其颠覆性技术应用于产品功能或实现市场需求，最终替代当前主流技术成为新的主流技术并且占领主流市场（Zeng & Glaister，2016）。在一个闭环的创新生态系统里，颠覆性技术与主流技术的竞争由于资源的稀缺性，往往属于非常残酷的种群内竞争行为，或者说在一定程度上存在完全替代。所以，颠覆性技术与行业当前的主流技术竞争的时，有时会阻碍其前进，有时也会推动其前进。颠覆性技术与主流技术的竞争关系主要作用表现为不同技术在重构价值网络方面的竞争。一种技术将另一种技术替代后其相关联的价值网络也会发生变化，包括与其配套的产业共生系统的变更。总之，主流领先技术会以自己的优势，不断拓宽主流技术辐射的空间，由此也不断地鞭策颠覆性创新技术继续提升自身体系的价值。此外，主流技术因为自身特有的固化的属性，维系自身的价值主体，以达到稳定市场份额的目的，从而排斥颠覆性技术。颠覆性技术在面对主流技术的排斥过程中，更加注重自身价值重构的速度及与该技术生态带来的价值体系的协调统一，最后促进了颠覆性技术创新的演进。

六、外部政策环境因素

企业外部政策环境的变化使一些颠覆性技术创新处于不断地变化和调整的状态中，对于中国的企业尤其需要关注政府出台的各种政策，这也是为什么一些学者关注企业高管团队的同时也关注企业家的社会资本，其中非常重要的一项社会资本是政治资本，以企业家或高管团队的政治关联度来衡量。例如，2009 年政府制定了"十城千辆"工程政策，有关部门坚持推进新能源汽车产业化之路。这项政策为新能源汽车的发展提供了良好的政策环境条件，并配套了一定的科研资金。产业技术创新项目一般通过集中力量开发具有巨大潜力的项目，改善新能源的汽车产业技术创新的综合实力，进而让新能源汽车产业蓬勃发展。如新能源汽车鼓励政策方面，主要是为新能源汽车技术的有利发展赋予优越的政策空间，促使科技专项、科技计划、技术改造扶持和创新工程等方面的政策得到有效落实。所以，产业政策主要通过影响企业进行颠覆性技术创新的外部宏观性环境，来促进颠覆性技术创新。

第四节　本章小结

本章包括三节内容：第一节主要包括理论假设与实证检验两部分，其中，第一部分主要介绍了高管团队注意力影响企业颠覆性创新的理论假设，通过文献梳理与逻辑推理提出研究假设，即"高管团队注意力对企业进行颠覆性技术创新有积极影响"。第二部分对第一部分提出的理论假设进行了实证检验，通过构建计量模型、确定研究变量、收集样本数据、采用多元线性回归模型实证检验了高管团队注意力对企业颠覆性创新的积极影响。其中，关于高管团队注意力如何影响企业颠覆性技术创新行为的检验中，第一节验证了企业高管团队注意力和企业颠覆性创新高度关联性，并通过一系列的数据样本选择和变量控制，我们控制了企业的规模、年龄、研发强度等一些变量，最后得出统计分析结果。

第二节主要通过案例来解释为什么企业高管团队注意力会影响企业进行颠覆性技术创新行为，列举了宝洁公司的市场化创新模式、苹果公司在技术和研发方面的创新路径及互联网平台颠覆性技术创新模式等案例来辅助论述企业颠覆性创新行为中企业高管团队的作用。例如，宝洁公司关于高管层团队注意力促使企业进行颠覆性的技术创新行为的实践，在技术创新方面，宝洁公司通过借助众创平台进行新产品的研发。在宏观市场竞争背景环境下，宝洁公司做出迅速的反应，果断放弃了其一贯的自主开发模式，选择利用开放的"众创"平台广泛吸收外部创新方案，使宝洁公司的研发能力得到了稳步的提升。

第三节探讨了企业高管团队注意力影响企业颠覆性技术创新行为的外部诱因，如市场需求因素、技术驱动因素、竞争因素、企业家精神因素、企业的资源因素和政府政策六个方面的因素。其中，市场需求是企业进行定性创新的客观驱动力；技术驱动是技术要素促进社会经济发展的必要要素；竞争因素是市场环境中企业生存的客观环境，只有具备核心竞争优势的企业才可能存活，而颠覆性技术具备了核心竞争能力所有的要件；企业家精神是创新的缔造者，创新是企业家的基本职能；政策因素是企业家不可忽视的因素。综合对这些因素的分析表明，企业颠覆性创新离不开市场、技术、竞争和宏观环境，企业高管团队的注意力配置在这些方面可以推进企业进行颠覆性技术创新行为。

第六章 企业颠覆性技术创新行为的后果效能机制研究

第一节 颠覆性技术创新企业高管团队的典型特性

本章对 133 家样本企业的高管团队分析发现，经历过颠覆性技术创新的高管团队具备三个特征，分别是：团队成员较高的教育水平、具有创新性的高管团队文化、较强的团队融资能力。如图 6-1 所示。

图 6-1 颠覆性创新企业变革高管团队的三个特征

高层管理团队（以下简称高管团队，TMT）在企业经营决策过程中扮演了制定战略与组织实施等重要角色。同时他们的认知情况也影响着企业进行颠覆性创新的重要决策。企业的高管团队一般是由组织中的核心群体并能参与企业战略决策高层管理者组成的。现代公司治理制度体系下，高管团队主要包括公司权力机构代表（重要股东代表）、公司决策机构代表（董事会的主要成员），以及公司执行机构代表（正、副总经理及企业部门负责人）组成。高管团队是企业发展到一定阶段，逐渐形成的一种新型核心决策群体，这种组织形态的初衷是为了适应复杂多变的经营环境。

随着经济全球化，市场竞争日益加剧，企业逐渐意识到其可持续优势获得的关键因素就是通过创新来增加其核心竞争力，而提高创新绩效依赖于如何将创新的成果转化成企业的价值。一个企业的高管团队不可能对组织内外部环境每个细节都考虑到位，在复杂多变的战略决策环境中如何把握正确的决策方向，可能导致企业做出的战略决策是否会成功，而正确的战略决策通常需要企业高管团队综合考虑内外部因素。其中，高管团队内部分析主要分析管理者的年龄、受教育程度、工作经验等特征。通过分析关于高管理团队特征的文献发现，学者们主要关注高管团队相对容易测量的人口统计学特征，如团队成员任期长短、团队成员受教育水平、团队规模、团队成员的专业背景及职业经验等，因为这些人口统计学特征能在一定程度上反映他们的价值观和能力。这些人口统计学特征对管理行为和战略决策也有较大的影响，企业的战略决策在一定程度是高管团队的整体写照，高层管理团队的异质性或同质性对整个团队的决策的效率和质量、团队内部沟通、团队凝聚力都有影响。

对于大多数企业而言，其高管团队一般都具备稳定的特征，即其中的人员不会在短时间发生较大的变化，从而影响到企业战略随意波动（王洋洋等，2022）。所以，对于高管团队任期和创新绩效之间的关系，大多数学者持有两种观点：一种观点认为高管团队的任期与创新绩效呈正相关。高管团队任期较长能加强内部沟通和信息交流，充分感知外部环境中存在的机会和威胁，从而避免战略决策失误，并及时将企业社会责任转化为创新绩效（Kamidi 和郭俊华，2021）。另一种观点认为高管团队任期企业创新绩效负相关，即高管团队任期越长，越容易丧失创新激情，从而减少技术创新决策，降低企业创新绩效。也有学者认为高管团队任期与企业研发投入没有显著影响（宋铁波等，2020）。关于高管团队规模对企业创新绩效的影响，也存在三种不同的观点。第一种观点认为，大规模的高管团队（高管团队人数超过13人）比小规模的高管小团队（高管团队人数不足7人）在解决问题的能力和资源上更占优势，因此较大规模的高管团队比较小规模的高管团队更能提出对企业创新发展有好处的战略决策，从而提高企业创新绩效。第二种观点则认为，较大规模的高管团队会导致团队内成员的冲突增加，更容易发生团队成员内耗而降低企业内部资源整合的效率，从而影响企业创新绩效。第三种认为二者存在倒"U"形关系（贺远琼和陈昀，2009）。下面主要讨论颠覆性创新企业变革高管团队的三个特征，即高管团队成员受教育水平、创新性团队文化及高管团队融资能力。

一、高管团队成员具有较高的受教育水平

高管团队成员的受教育水平反映了高管团队成员的认知能力，一个团队的社会认知能力与平均受教育水平正相关。当今世界，企业所处的内外部环境变得越来越复杂，这样就需要企业的高管团队成员具备更高的社会认知能力，找到适合自身的发展模式，从而促进企业发展。因此，高管团队成员平均受教育年限高的企业战略变革更加容易进行。此外，高管团队成员所拥有的专业技能也非常重要，成员内部专业背景的异质性可以促使不同专业背景的高管在对待创新上的态度不会趋同，更容易向新的领域寻找出路。高管团队成员个人的专业技能与其接受的专业背景密切相关。高管团队成员在制定企业战略时可能会倾向于他们熟悉的专业领域，更为多元化且具有交叉学科背景的高管人员其视野和包容性更开阔，而在其学历教育中，工商管理硕士教育对前述提到的能力有很好的促进作用。接受过工商管理硕士的高管团队成员更愿意进行战略变革和创新变革。最后，高管团队成员认知能力很重要的一部分就是他们的职业经验，会影响他们自身乃至整个高管团队的战略决策。职业经验丰富的高管团队成员往往循规蹈矩，按照流程和规则进行决策，

不愿意进行创新；缺乏职业经验的高管团队成员，虽然富有激情，但是可能会因缺乏职业经验而导致战略决策的失误。

从高管自身经历（学习和工作）的特征来分析企业战略行为成为学术界研究的热点。宋建波和文雯（2016）研究表明，高管具有海外学习的经历对企业创新有更显著的影响。同时，也给出了高管团队成员海外学习经历对企业创新的影响机制，经历过海外留学的高管通常对人力资本和公司治理比较重视，这有助于企业的创新行为，而且影响机制的作用在随着海外经历的不同表现也有所差异。这些研究为深入地理解海外留学经历是如何作用于企业创新提供了新的实证依据。此外，宋建波和文雯（2016）还探究了海归高管团队对企业创新的积极影响主要是通过提升企业的人力资本、加强人才选择和改善公司治理环境这三种渠道实现的，影响机制体现在海外工作经历和海外学习经历特征中，学习经历表现得较弱。通过扩展性检验，对企业高管和董事进行区分，发现企业高管相比于董事海外经历对创新活动的影响更大。他们的研究结果为高管团队的海外经历对企业颠覆性创新的影响提供了实证依据。那些拥有海外背景的高管团队能够发挥重要的"引智"和治理作用，企业主动创新能力得到了提高，这显示了企业经营阶段人力资本的重要性。相对于企业，要增强经营者的管理技能，就需要完善海外人才引进政策，有效加强企业发展和创新能力。

二、创新性高管团队文化

高管团队是企业的战略决策主体，企业高管的认知基础和价值观是决定战略的关键因素。由于个人的认知基础和价值观与个人经验、所受的教育及工作经验等密切相关（王宁宁等，2017）。所以，一个企业的高管团队整体性认知就表现为一种团队文化，这种团队文化体现为团队成员共同遵守的理念和价值观。创新性的高管团队决策文化意味着企业的高管团队成员认同创新发展的基本理念，在进行重大风险决策时，高管团队的整体性认知倾向于对新型技术的追求与向往，同时体现出对创新风险的偏好。当然，整个团队中不可能所有成员的价值观都趋于一致，但至少存在一种主流的影响力在把控高管团队的整体文化氛围，往往在一些关键少数重要的创新战略决策上能够发挥作用。高管团队中那些选择颠覆性创新的成员一般为年轻人，偏好风险型。此外，高管团队成员之间的关系和企业文化也会对企业的创新、投资的偏好，以及决策产生影响。高管团队成员之间的关系表现为高管内部的凝聚力，有权威的领导也可以听到不同的声音，既可以保持团队的稳定性，又可以保持团队的灵活性，不刻板僵化，长期来看，这种组织机构也是创新性团队文化形成的基础。颠覆性创新的出现需要包容性的企业文化，即对犯错误或创新失败的容错机制。

再者，高管团队成员个体之间的文化认同也会影响企业进行颠覆性技术创新行为。例如，董事长与总经理的文化差异有利于企业进行颠覆性技术创新，具有创新性行为的企业相对于其他企业而言更加注重高管的多样性，这样企业的高管大多文化背景不同。不同的文化背景可以衍生出对事物的不同看法，不至于产生对待问题的趋同性，所以有人建议在高管团队构成方面无论是专业背景、工作经历、性格，甚至性别等方面都要体现出多样性，因为多样性的特征就会形成创新性的高管团队文化，进而有利于企业进行颠覆性创新。

三、高管团队融资能力

企业颠覆性创新是一项需要巨量人力、财力支持的长期战略决策。作为高层管理团队不仅要做出正确的决策，而且要确保所做出的决策可以有效实施。其中，融资能力就是一个基本的保障之一。一个创新项目，无论是前期的研发投入还是后期的商业化运作，都需要大量的资金来进行运作，否则再好的技术创新也只能是纸上谈兵。作为高管团队成员，其基本职责就是在企业需要资金的时候可以以最低成本最高效率获得所需资金。当然，融资的方式是多样的，可以寻求银行等金融机构的债务资金，也可以通过出让股权来获得资金，但无论哪种融资方式，高管人员需要把握不能陷入获得资金与失去控制权的陷阱。

多数高管在融资方式的选择上采用股权融资的模式进行融资，因为这种方式可以获得大量的资金，但前提是高管人员（特别是创始人）需要具备足够的说服力说服资金提供方（如风险投资机构）相信这是一个值得投资的项目，这种情况下高管人员所表现出的对创业项目的信息、个人魅力、团队构建等方面就显得尤为重要。当年马云创立阿里巴巴时，四处借钱，却常常吃闭门羹，有时候甚至连对方的面都见不上就被拒绝了，因为很多银行觉得他说的事情"不太靠谱"。后来马云的主要合伙人也是当时阿里巴巴高管团队成员的蔡崇信加入阿里巴巴，并成为阿里巴巴的财务总监。蔡崇信原本是一位律师，在投身阿里巴巴之前在投资银行出任过高管，转任阿里巴巴不久后就充分施展了他的才华。1999 年 12 月 1 日，在蔡崇信的周旋下，阿里巴巴获得了第一轮 500 万美元的融资，这笔资金对于当时的阿里巴巴而言无疑是雪中送炭。其中给阿里巴巴投资的机构包括高盛集团、富达基金、新加坡政府科技发展基金，以及银瑞达投资基金等机构，可以说如果没有当年的蔡崇信也就没有今天的阿里巴巴。类似的例子举不胜举，很多企业的重大创新或创业项目都是高管团队一些成员力挽狂澜的结果，所以企业高管团队的融资能力确实是企业进行颠覆性创新行为的一项基本保障。

以上三个典型特征阐述了这样一个事实，企业进行颠覆性创新不仅仅需要高管团队具有优秀的个人品质，更需要这个团队具有良好的文化、很强的工作能力、敏锐的商业直觉，以及良好的融资能力，这样才能够抵御风险，开拓颠覆性创新之路。

第二节　不同行业企业经历颠覆性技术创新的结果

本节分析不同行业企业经历颠覆性技术创新企业的财务绩效，主要涉及的行业包括手机行业、零售行业、汽车行业及出租车行业等，对比分析了各行业经历颠覆性技术创新或商业模式创新后的结果。

一、手机行业

在苹果公司的 iPhone 手机问世之前，手机行业存在多个巨头。诺基亚（Nokia）曾经是当之无愧的手机界霸主，诺基亚公司的总部位于芬兰，是一家主要经营移动通信设备生产和提供通信服务的跨国公司。面对苹果公司推出的智能手机的挑战，诺基亚在 2012 年第一季度被三星超越后，结束了 14 年的手机市场霸主地位，如今却风光不再。随着科技的进步，性能强大的安卓系统和苹果公司开发的 IOS 系统取代了塞班系统，诺基亚在面对这些强有力的竞争者时，非但没有进行革新，反而故步自封，以致在智能手机时代遭受了淘汰。而搭载 IOS 系统的 iPhone 的发布，彻底改变了手机行业的格局，实现了对手机行业的颠覆，这期间苹果公司只用了两年半的时间，虽然最开始的 IOS 系统还有很多不完善的地方，但是苹果公司重新定义了用手机的功能，带来了全新的用户体验。

从表 6-1 可以看到，2016 年，苹果公司的营业收入和利润分别为 2156.39 亿美元和 456.87 亿美元，少于 2015 年的 2337.15 亿美元和 533.94 亿美元。值得注意的是，这是自 2001 年以来，苹果第一次整个财年的营业收入出现下降。但这并不影响苹果公司日后成为手机行业"领头羊"的地位。2017 年，在财富世界 500 强企业利润排行榜中，苹果公司以 457 亿美元排名第一。根据苹果公布的财报，2017 年，苹果公司净利润达到了 483.51 亿美元。虽然仍没有超过 2015 年，但相比 2016 年，营业收入增长了 6.3%，净利润增长了 5.8%。2018 年，苹果公司的 iPhone 手机的营业收入超过了 1600 亿美元，同比增长 18%，在苹果公司的整体营业收入比重接近 63%。2019 年，苹果公司全年营业收入为 2601.74 亿美元，而当时的市场预期为 2590.42 亿美元，较 2018 年同比降低了 2%。2020 年，苹果营业收入规模达 2745.15 亿美元（折合人民币超 1.8 万亿元），较 2019 年增长 5.5%，净利润同比增长 3.9%至 574.11 亿美元（折合人民币超 3800 亿元）。苹果公司推出的 iPhone 手机及其智能化颠覆性创新技术，对手机行业产生了很大的影响，既瓦解了手机市场的格局，又改变了手机行业的规则。这种巨大的影响力体现出颠覆性创新技术对商业规则的改变。

表6-1 2015~2020年苹果公司营业收入和净利润

项目 \ 年份	2015	2016	2017	2018	2019	2020
营业收入（亿美元）	2337.15	2156.39	2292.34	2655.95	2601.74	2745.15
净利润（亿美元）	533.94	456.87	483.51	595.31	552.56	574.11

资料来源：苹果公司财务报表（2015~2020）。

二、零售业与制造业

（一）零售行业

零售业是一个国家最古老、最重要的行业之一，由于世界经济的飞速发展、消费者的需求不断增强及持续提高的生产能力，中国商品流通领域的矛盾也更加突出，随着这种矛盾的日益突出，传统零售业也逐渐落寞，只有变革和创新才能解决这一问题，而电子商务的出现颠覆了整个零售行业。随着互联网在消费领域的广泛应用，电子商务重新定义了人们的消费认知，并渗透到普通消费者的日常生活，进而逐渐侵蚀掉一部分传统零售业的市场份额。

2012年，中央电视台举办的"CCTV中国经济年度人物"颁奖现场，王健林和马云曾有过"一亿"的赌局，王健林表示，到2022年，如果电商占了50%的零售市场份额，他给马云1亿元，若没有，马云还给他1亿元。十年之约，已然将传统零售业与电商之间的竞争摆在了明面上并推向风口浪尖。中国电子商务研究中心的研究数据显示，截至2012年12月，中国电子商务的交易规模已达到13205亿元，比2011年增长了64.7%，与此同时，传统零售业增长率为10.9%，可见二者相差巨大。不仅如此，2012年下半年还迎来了关店潮，连沃尔玛、家乐福这样的零售巨头也难以幸免，这对传统零售业来说，又是一个沉重的打击。近些年，我国网络零售市场保持稳健增长，市场规模持续升高。根据国家统计局数据显示，2020年中国网上零售额达到11.76万亿元，比2019年增长10.9%，实物商品网上零售额达9.76万亿元，同比增长14.8%，占社会消费品零售总额的比重接近1/4。

电子商务最具代表性的零售电商平台之一就是淘宝。淘宝网创立之初只是单一的 C2C（服务于从顾客到顾客，Custumer to Custumer）网络集市，经过多年的发展，已成为一个涵盖多种电商模式的综合性零售电商平台。图 6-2 简单列举了淘宝的发展历程，其 2003 年的成交额只有 2271 万元，但到了 2016 年交易额增长至 3.7 万亿元，占全国网上零售份额的 70%以上，成为全球最大的零售交易平台。

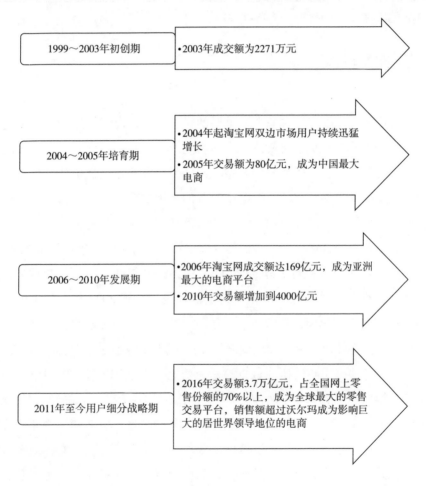

图 6-2　淘宝发展历程

资料来源：李占强．平台电商的颠覆性创新研究——以淘宝网为例［J］．科技创新与生产力，2017（6）：43-46.

2005 年以来，淘宝网保持了强劲的增长势头，并始终走在国内电商的前列，引领电商行业的颠覆性创新。2019~2020 年，阿里巴巴的业务交易额突破了 1 万亿美元，成为全球第一个年交易额达到 1 万亿美元的电子商务平台。特别是天猫的发展势头强劲，在其带动下，阿里巴巴在 2020 年中国零售市场交易额达人民币 6.589 万亿元，较 2019 年增长 8620 亿元。2020 年，阿里巴巴的营业收入已达到 5097.11 亿元，与 2019 年相比增长了 35%；经营利润为人民币 914.30 亿元（129.12 亿美元），同比增长 60%。电子商务这一新事物的出现，颠覆了传统的零售行业，不仅为保持国民经济快速增长和可持续发展带来了不竭动力，也为消费者购买更加实惠的商品和更好的购物体验提供了一种消费模式。

（二）制造业

对于制造业而言，发生了同样具有戏剧性的一幕。2013 年 12 月，在中央电视台举办的"中国经济年度人物"的颁奖典礼上，小米科技公司的董事局主席雷军和格力电器总裁董明珠就发展模式再次发生激烈争辩，打下 10 亿元的天价赌局。雷军称，如果 5 年内（2014~2018 年）小米科技营业额超过格力，雷军希望董明珠能赔偿自己 1 元钱。而当时董明珠放出豪言，如果 5 年内小米科技营业额超过格力电器，她愿意赔给雷军 10 亿元。如今，5 年的时间已经过去了，下面来看看这两家企业的营业额及对比情况（见图 6-3 至图 6-5）。

从图 6-5 的两家公司营业收入对比情况可以看到，到 2018 年，即两位企业家赌约截止日期，小米科技的营业收入为 1749 亿元，而格力电器的营业收入是 2000 亿元，从绝对数值的比较上，小米科技的营业额没有超过格力电器，意味着这次赌局似乎是格力电器更胜一筹。但动态分析 2014~2018 年两家企业的营业额增长情况发现，可能与我们想象的不太一样。小米科技的营业额从 2014 年的 743 亿元，增加到了 2018 年的 1749 亿元，增长了 1.35 倍；而格力电器的营业额从 2014 年的 1400 亿元，增加到了 2018 年的 2000 亿元，增长了 0.43 倍。由此可见，这两家企业的发展潜力完全不同。小米科技的模式在这 5 年中表现出巨大的爆发力，这与其采用的商业模式创新有很大的关系。所以，制造业同样经历了颠覆性创新的洗礼。

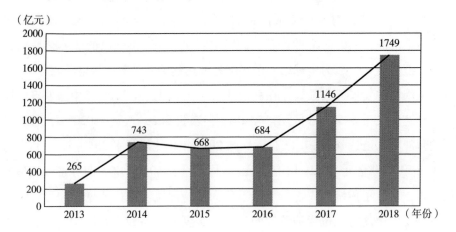

图 6-3　2013~2018 年小米公司的营业收入情况

资料来源：小米公司年度报告（2013~2018）。

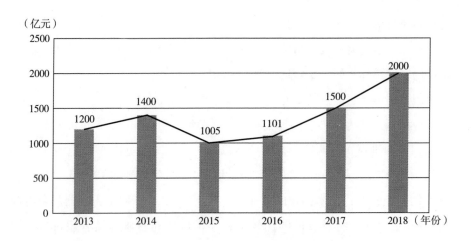

图 6-4　2013~2018 年格力公司的营业收入情况

资料来源：格力公司年度报告（2013~2018）。

三、汽车行业

1895 年美国第一辆福特汽车下线以来，汽车产业化已经有上百年的历史。1895~1910 年的 15 年间，美国汽车制造商曾超过 200 家，之后这个数字

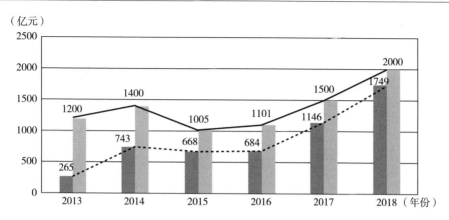

图 6-5 2013~2018 年小米公司和格力公司的营业收入对比情况

资料来源：小米公司和格力公司年度报告（2013~2018）。

极速下降，市场新进入者减少，市场退出者增加。石油危机爆发后，日韩汽车进入美国市场，导致美国汽车市场竞争异常激烈，行业整体绩效差，一直处于绩效金字塔的底部，汽车行业开始整合，经过 20 年的整合，至 1930 年左右，美国汽车行业的整合才基本完成。然而，在高度同质化竞争的成熟的汽车产业中，以特斯拉为代表的新能源汽车颠覆性技术电动汽车企业横空出世，给传统的汽车行业带来了新的生机和巨大挑战。特斯拉汽车通过采用锂离子电池和不同于传统汽车行业的商业模式实现了颠覆性创新（见表 6-2）。

表 6-2 特斯拉销量与营业收入

年份 项目	2015	2016	2017	2018	2019	2020
销量（万台）	5.05	7.62	10.13	24.52	30.8	49.95
营业收入（亿美元）	40.5	70.00	117.59	214.61	245.78	315.36

资料来源：特斯拉财务报告（2015~2020）。

由表 6-2 可知，2015 年特斯拉电动车销量为 5.05 万辆，与 2014 年的 3.16 万辆相比，增长了 60%，当年营业收入为 40.5 亿美元，相比美国通用会计准则的营业收入为 52.9 亿美元增长 47%。据各国汽车工业协会的统计数据，2015 年全球 42 个国家和地区共拥有 10.7 万辆特斯拉电动车，每辆车行驶里程相加将近 20 亿英里（约合 32 亿千米）。2015 年第四季度，特斯拉汽车的销量创 1.74 万辆新高，第四季度的营业收入为 12.14 亿美元，但净亏损达 3.21 亿美元，2014 年同期净亏损为 1.08 亿美元，两者相比，净亏损有所扩大。数据表明，颠覆性创新技术初期的企业由于大量研发投入往往利润不太乐观。

2016 年，特斯拉在全球的新车销售量为 7.62 万台，与 2015 年相比，销量增长了 50.9%。2016 年营业收入为 70.00 亿美元，其中，有 42 亿美元是特斯拉在美国的销售额。在 2016 年美国收入中，只有不足 3% 的收入来自能源生产和储存，剩下超过 97% 的收入全部来自汽车产业，与 20 世纪八九十年代汽车业在行业绩效方面处于金字塔底部相比，发生了一定的改变。2017 年，实现销量 10.13 万辆，比 2016 年增长了 33%。2017 年第四季度，特斯拉再一次刷新了历史最佳销售纪录，仅在第四季度就交付新车 2.99 万辆，占总销量的 30%，同比增长 27%，比第三季度增长 9%。该年营业收入为 117.59 亿美元，与 2016 年相比，增长了 68%。

2018 年，特斯拉共计销售 24.52 万辆，相当于公司自 2003 年创办到 2017 年的总和。特斯拉 2018 年的营业收入创下了其自成立以来的新高，达 214.61 亿美元。2015~2017 年，特斯拉的营业收入分别为 40.5 亿美元、70 亿美元和 117.59 亿美元，2018 年的营业收入分别是它们的 5.3 倍、3.1 倍和 1.8 倍。从特斯拉财务报告的数据来看，特斯拉 2016 年和 2017 年共实现营业收入 187.59 亿美元，2018 年的营业收入为 214.61 亿美元，比 2016 年和 2017 年的合计营业收入高出了 27 亿美元。而特斯拉 2015~2017 年的营业收入为 228.09 亿美元，仅比 2018 年的营业收入高出了 13.48 亿美元。2019 年，特斯拉 Model 3 的销量超过 30 万辆。其中，2019 年 12 月单月销量为 53742 辆，是 2018 年同期的 2 倍。2019 年，全年特斯拉收入达 245.78 亿美元，比 2018 年高出了 31.17 亿美元。2020 年，特斯拉全球交付汽车 49.96 万辆，同比增长 36%。2020 年，实现营业收入 315.36 亿美元，比 2019 年的 245.78 亿美元增长了28%。

特斯拉被称为"汽车行业的颠覆者",因为传统的汽车使用汽油为燃料提供动力,而特斯拉将汽车设计成了可以充电且环保的电动车。事实上,电动车并不是最近几年才出现的新生事物,像通用、丰田等汽车巨头早在多年前就开始在纯电动和油电混合等诸多产品进行过尝试,但最后都以失败告终,只有特斯拉借助锂电池,制造出了与内燃机汽车一样出色的电动汽车,或许当设计的电池容量足够高时,电动汽车就会像内燃机汽车一样普遍。

四、出租车行业

随着人们出行需求的快速增加以及城市化的进程加速,大量现代运输工具进入市内交通,但我国的交通现代化发展仍处于成长期。历经数十年的发展,我国城市公共交通,无论是公交车、快速公交系统(BRT),还是城市轨道体系都日趋完善,但是服务于个性化出行的出租车行业发展缓慢,不仅巡游车数量不足、客运服务质量有待加强,而且运营规模和经营模式较为陈旧,所以客运出行行业正面临服务水平提升和转型发展的挑战,随着乘客对出行需求的个性化程度及服务质量的要求逐渐提高,出租车行业陷入亟待转型升级的困境。

随着互联网、大数据及人工智能在出行方面的广泛应用,网约车这种新业态的出现为解决出租车行业的困境提供了解决方案,这种新模式的出现促进出租汽车行业不断深化改革,与现代信息技术深度融合,使其更加贴近人们的日常生活,通过出行数字化工具为传统产业赋能。当前社会,人们的生活节奏逐渐加快,时间对于出行的要求更高,很多人不愿意将时间用在等待上,通过在手机操作打车App软件预约,极大降低了出行的不确定性和出行供给与需求双方的信息不对称性,避免乘客长时间的等待和空载。实际上网约车模式就是出行信息化的应用,借助信息化平台,供求双方打破了时空限制,给乘客带来便利的同时也对降低运输企业或者个体的运营成本发挥了重要作用。

同时,交通部也着力于推动传统出租车行业数字化等一系列变革,通过积极推动运价改革,持续规范网约车出行服务,不断深化出租汽车行业改革,促进新老业态融合发展。主要变革的思路是出租车与网约车双向流动。传统出租车服务也可以利用网约车平台提供出行预约服务，自 2020 年以来，传统出租车对网约车平台在线时长平均水平增长了 20%，同时网约订单取消率同比降 0.89%。网约专车的出现对传统的出租车出行服务带来了挑战，因为消费者感受到了出行的便利，所以网约车的出现给传统出租车行业的运行模式带来了深刻的颠覆性的变革。平台型网约车颠覆性创新也推动了整个出行服务行业的发展。

网约车由于数量庞大、技术便捷及平台的开放等优势，在较短的时间内取得了快速的发展。中国互联网络信息中心的统计数据显示，2016 年上半年中国网约车用户规模已高达 1.22 亿，传统出租汽车行业无论是在服务运力方面还是在服务质量方面都难以满足这么大体量需求，而网约车正好弥补了这个不足，通过增加出租车市场服务供给，也提供了个性化的运输服务。从消费者对网约车的反馈来看，不同层次的网约车产品，有着不同的服务标准和要求，但相同的是，其顾客满意度均有所提高。

以用户为中心的理念从来都不能只是嘴上说说那么简单。互联网平台型创新模式倒逼传统行业实现变革，这不仅表现在出租车行业，在出行方面还包括但不限于机票预订、酒店预订等旅游服务项目中。在互联网网络订票模式开启以前，很多人为了买一张火车票可能需要排一晚上的队，有些乘客可能排了一晚上的队也买不到车票，这样必然给"票贩子""黄牛"等群体投机的空间。互联网平台创新通过技术手段解决了信息不对称的问题，为普通的消费者赋予更多获得对商品和服务选择的权利，相关信息发布后任何人都可以平等地获取这些信息，任何个人或者企业均无法左右甚至控制一个市场，这时市场才会真正地发挥作用，价格机制也能够发挥作用。所以，具有颠覆性创新技术的信息化平台经济模式本质上是市场化的真正表现，只有在真正的市场化中，普通消费者才能享受到物美价廉的商品和服务，这就是颠覆性创新技术带给人们的福利。就像北京大学张维迎教授在其著作《理念的力量》中写的那样：市场的逻辑就是你要想幸福，首先要让别人先幸福，否则如果你的幸福是建立在别人的痛苦之上的，那就是强盗的逻辑。在市场中，好坏是由别人说了算，而不是自己说了算。在市场竞争中，你要谋求自己的利益，首先要给别人创造价值，给消费者创造价值，给客户创造价值。

颠覆性创新就是要创造一种工具来强化市场的力量给普通消费者自主选择的权力，但这种选择是选择什么样的产品和服务，选择由谁来为其提供这种产品和服务，而不是选择用或不用，那样的话几乎就是没得选。

第三节　在颠覆性技术创新中遭受冲击的企业

颠覆性创新的价值源泉是技术的突破，在颠覆性技术创新的作用下，改变了原有技术轨迹的主导技术，从而使新产品出现（邓龙安，2021）。颠覆性技术创新对一些企业而言使其从行业的跟随者成为了领导者，而对于另外一些企业而言可能就没有那么幸运了，因为它们被新技术或者新的商业模式颠覆掉了，无奈之下不得不退出市场。本节以手机行业的诺基亚为典型案例来介绍在颠覆性技术创新中失败的企业。

一、智能手机颠覆功能手机的行业背景

（一）功能手机行业背景

2007 年，苹果公司在 MP3（音乐播放器）市场上取得了巨大的成功，实施新产品开发战略，进军手机市场，由此 iPhone 手机上市。而自 iPhone 手机上市起，苹果公司就重新定义了手机的功能，所以手机已经不再只是一个通信工具，它更是一种生活态度。2007 年，功能手机（将手机定位于通信工具功能）市场已经日渐成熟，各大手机厂商已经确定了自己的产品风格，相互竞争与模仿，追求超薄及其他一系列各种功能，如高清晰拍照、超长待机、防水及更加坚硬不易损坏等。2003～2007 年，手机市场占据主要市场地位的有摩托罗拉、诺基亚、LG、西门子、爱立信、飞利浦、索尼爱立信、黑莓（RIM）、多普达、夏普、三星、松下、索尼等。那时的手机还是以功能型为主，

用户量激增且市场容量迅速扩张，从 2002 年的销售 4.32 亿部手机，到 2007 年的 11.53 亿部的销售量，年均复合增长率达到了 21.71%（王维焕，2013）。

2006 年摩托罗拉的手机销售额达到了顶峰，而在那之后就开始一路下滑，因为摩托罗拉公司在技术创新方面没有太大的长进，这也是摩托罗拉公司在 2011 年被谷歌（Google）公司收购的重要原因之一。诺基亚虽然在手机行业进行过一些创新，但是其创新的轨迹主要沿着原有的技术轨道进行，属于维持性创新。例如，诺基亚在手机屏幕触摸技术方面的研发较早，这项技术的突破只是将手机的按键换为触摸屏，其核心的功能并没有发生变化。此外，诺基亚在电池待机时长及手机耐用性方面也做了很多技术创新，使这些功能不断完善。后来有人调侃当年的诺基亚手机"要和其他厂家比谁的手机扔得远，然后捡起来还能打电话"。

从功能手机的市场定位而言，诺基亚确实做得很好，在当时确实具有较强的竞争力，但是在后期诺基亚公司的塞班系统用于触屏手机时，没有为顾客带来较好的使用体验，因为诺基亚开发触屏技术是电阻屏技术，不能很好地与操作系统兼容，从本质上并没有改变手机的功能属性。诺基亚更加注重手机性能的创新和对品牌的依赖，这成为诺基亚公司逐渐衰落的重要原因之一，最终诺基亚的手机业务被微软公司收购了，后来有人对诺基亚手机开机的那个"大手拉着小手"的画面调侃道"这可能就是诺基亚的归宿，也许它的命运一开始已注定"。

（二）智能手机行业背景分析

与诺基亚处于竞争关系网中的三星手机虽然没有诺基亚那么高的市场占有率，但是它不断在屏幕技术方面进行研发，其拍照技术相对而言已经达到较高水平，这奠定了它在后来的 Android 系统在开源使用方面能够实现完美兼容的要求。苹果公司开发的 iPhone 手机在 2007 年使用了运行频率为 600MHz 的 ARM11 处理器，3.5 存真彩电容屏幕，再加上 iOS 操作系统形成了完整的智能手机生态，不仅是因为该操作系统比竞争对手更先进，而且是因为苹果手机为客户带来了全新的体验，从而使手机进入了一个新时代，在那不久之后，谷歌公司开发了 Android 系统并且开放其使用权限，从此智能手机的两大操作系统已经构建。

虽然智能手机市场已初具雏形，但刚开始并没有获得很好的市场地位，智能手机开始上市时，功能型手机仍然占据手机行业的大部分市场。反映到新事物出现的一个图像模型上，在我们的潜意识里一个新事物出现的图像呈现一个不断上升的阶梯状，但是实际上一个新事物出现的图像大部分是呈现出 S 形的曲线。而一个新事物最开始出现相对于旧事物而言是比较粗糙的、边缘化的、简陋的，然后才会慢慢地孕育成长最后发芽破土而出，成为一个新的潮流。当然，在其成长的过程中不可能没有失败，其中会有很多的新事物根本来不及长大就夭折了。此外，一个新事物的崛起不一定就意味着旧事物的消亡，它们也有可能再一次复苏，比如说信息互联网时代从工业时代发展起来的，但是工业时代也在信息时代里重新焕发出了生机。

智能手机在其发展初期也具有简陋、粗糙和边缘化等特点，但是随着颠覆性技术的不断成长，将曾经占据手机行业市场超过 90% 的功能型手机推向了边缘。现如今已是智能手机的主场，智能手机的功能包括移动支付、滴滴打车出行、网上购物等。2007 年后手机市场整体销售生产额变化主要呈现出螺旋式上升状态，因为 2008 年的经济危机，出现了停滞，上升状态缓慢，2009 年甚至出现了销售生产额下滑的情况，从 12.22 亿部下降到了 12.11 亿部。但当苹果公司研发的 IOS 系统和谷歌公司研发的安卓系统成功推出后，智能手机市场重新焕发出活力，再次实现了高速的增长，2010 年销售生产额为 15.97 亿元，增长率 31.82%。2013 年智能手机的销量第一次超过了功能型手机，彻底颠覆了手机行业。其实 2000 年左右，摩托罗拉、诺基亚、爱立信等手机公司就发布了它们的第一款智能手机，可以说智能手机经历了 7 年左右的手机市场孕育时期，2007 年只占有市场 9.63% 的份额，当时苹果发布的第一款 iPhone 后，改变了当时的手机市场。2008 年 Android 系统的智能手机出现了，手机市场开始了两大新兴智能手机的激烈竞争。2010 年智能手机市场占有率达到 22.38%，2013 年其市场份额达到 49.33%，智能手机市场份额达 50%（王维焕，2013）。慢慢地，智能手机逐渐取代了曾经占有大部分市场份额的功能手机市场，取得了行业主导地位。

二、诺基亚手机在颠覆性技术创新后的落幕

（一）诺基亚公司发展历程

诺基亚公司是一家以通信为基础业务的手机制造商，总部位于欧洲芬兰。最早成立于 1865 年，其成立时是一家以伐木和造纸为主业的企业，从最开始的林业，制造日常使用的卫生纸、下雨时穿的雨鞋等逐步跨行业进入手机生产制造行业，其巅峰时期，甚至达到每秒卖出 14 部手机。就是这样一家将手机卖到全球的公司其手机业务却被微软收购而归于沉寂，曾经的辉煌时刻都已成为过往的云烟，化作了一地尘土。

诺基亚在 1968~1991 年的 100 多年经历了从无到有、从小到大的集团化发展阶段，最终进入了移动业务。从 1992 年开始诺基亚公司走出欧洲面向全世界，经过数十年的飞速发展，在 2000 年左右达到了事业的巅峰，在这期间，1996 年诺基亚公司在手机市场上占有的份额是最多的。2007 年其营业收入为 510.58 亿欧元，净利润达到了 67.03 亿欧元，在全球手机市场上占比达到了近 40%。但是 2008 年全球爆发经济危机，叠加功能手机正面临转向智能手机而终结，诺基亚最终走向落幕，2012 年诺基亚公司亏损 37.89 亿欧元，无奈之下诺基亚公司于 2013 年出售了其手机业务（王维焕，2013）。

（二）颠覆性创新冲击下诺基亚公司的财务情况

通过对诺基亚公司的发展历程分析我们知道，诺基亚公司没能完成从功能型手机向智能手机的跨越式发展，虽然短期内诺基亚在财务方面获得了收获，但面对技术创新变革，最终还是没有能获得持续的财务业绩。其次，针对诺基亚公司在 2007 年左右经历手机行业颠覆性技术创新后，对该公司的相关财务数据的变化进行比较分析发现，诺基亚公司在手机行业经历颠覆性创新前后其财务情况确实发生了颠覆性变化。表 6-3 显示了诺基亚公司的资产负债情况。

根据表 6-3 显示的诺基亚资产负债表可知，2007~2012 年，其总资产一直处于下降的趋势，总体下降了 76.50 亿欧元，下降率为 20.35%。该数据表明，在此期间诺基亚公司资产规模降低的幅度超过 20%。进一步分析发现，

表6-3 诺基亚公司资产负债表 单位：百万欧元

项目 \ 年份	2007	2008	2009	2010	2011	2012
总资产	37599	39582	35738	39123	36205	29949
流动资产	29294	24470	23613	27145	25455	20878
存货	2876	2533	1865	2523	2330	1538
应收账款	11200	9444	7981	7570	7181	5551
预付账款	3070	4538	4551	4360	4488	3381
可出售投资	9628	5114	7151	9413	8512	5990
货币资金	2125	1706	1142	1951	1957	3504
非流动资产	8305	15112	12125	11978	10750	9071
商誉	1384	6257	5171	5723	4838	4876
其他无形资产	2358	3913	2762	1928	1412	647
固定资产	1912	2090	1867	1954	1842	1431
递延所得税资产	1553	1963	1507	1596	1848	1254
总负债	20261	23072	20989	22892	22289	20502
流动负债	18976	20355	15188	17540	17444	14646
短期贷款	714	3578	727	921	995	261
应付账款	7074	5225	4950	6101	5532	4394
其他流动负债	10831	10615	9222	9955	10077	9700
非流动负债	1285	2717	5801	5352	4845	5856
长期贷款	203	861	4432	4242	3969	5087
递延所得税负债	963	1787	1303	1022	800	700
有息负债	917	4439	5159	5163	4964	5348
所有者权益	17338	16510	14749	16231	13916	9447
投入资本	18255	20949	19908	21394	18880	14795

资料来源：王维焕．巨星的陨落［D］．厦门：厦门大学，2013．

诺基亚公司的流动资产，2007~2012年下降了84.16亿欧元，降低率为28.73%，使总资产规模降低了22.38%；非流动资产2007~2012年增长了7.66亿欧元，增长率为9.22%，使总资产规模增长了2.04%。非流动资产在2007~2012年先大幅度上升而后逐渐下降，但是总体上还是有所增长。非流动资产对总资产规模影响不大，导致总资产规模降低的主要是流动资产，而流动资产中又有多个组成成分，其中对总资产规模变动影响较大的是应收账款，下降了56.49亿欧元，降低了50.44%，而且2007～2012年应收账款一直处于下降趋势。除此之外，可出售投资下降了36.38亿欧元，降低率为37.79%，虽然应收账款和货币资金有所上升但它们上升的趋势相对而言比较低，对总资产的影响较小。此外，2007～2012年，诺基亚公司的总负债有所上升，增加了2.41亿欧元，增长率为1.19%，所有者权益降低了78.91亿欧元，降低率为45.51%。对总负债变动影响的主要因素是流动负债和非流动负债，其中非流动负债有所增长，而流动负债有所降低。流动负债降低了43.30亿欧元，降低率为22.82%，使总负债规模降低了21.37%，非流动负债增长了45.71亿欧元，增长率为355.72%，使总负债规模增长了22.56%。

财务数据垂直方向分为静态分析和动态分析两个方面。从静态角度来看，通过流动资产和非流动资产的比较发现，流动资产的变现能力（变成现金的能力）比较强，资产的风险就比较小；非流动资产变现能力相对而言比较差，这种资产风险就会比较大。所以，当流动资产所占比重较大时，企业资产的流动性比较强并且风险较小，但是当非流动资产所占比重比较高时，企业的资产弹性就会比较差，对于企业调度资金就会不太灵活，而且风险也比较大。通过表6-3得知，诺基亚公司2012年度的流动资产占比为69.71%，而非流动资产占比为30.29%。

从动态角度来看，2012年与2007年相比诺基亚公司流动资产比重下降了8.2%，非流动资产比重上升了8.2%。虽然整体上资产结构相对稳定，但是结合各资产项目的结构变动来看，发现诺基亚公司的流动性存在一定程度的下滑。而且在流动资产内部，除预付账款与可出售投资有小幅上涨外，其他都处于下降的状态。在非流动负债内部，大部分均处于上升状态，且各上升的趋势比较低。

从诺基亚公司2007～2012年资产负债表中数据连续变化的波动角度看，诺基亚公司处于衰退阶段。该公司的总资产在2007～2012年出现震荡向下波动的趋势，而且流动资产和非流动资产的变动趋势很接近，即总体上都是下降的趋势，虽然非流动资产在 2008 年达到了一个顶峰而后再逐年缓慢降低，但是它的总负债是处于一种反复波动上升的状态，并且它的流动负债和非流动负债变动也相差较大，流动负债反复波动的幅度不大，前后增长变动不是很明显，非流动负债的变化则比较明显，且波动幅度也比较大。下面，再来看看诺基亚公司在 2007~2012 年的利润情况，如表 6-4 所示。

表 6-4　诺基亚公司利润表　　　　　单位：百万欧元

年份 项目	2007	2008	2009	2010	2011	2012
营业收入	51058	50710	40984	42446	38659	30176
营业成本	33781	33337	27720	29456	27300	21786
营业毛利	17277	17373	13264	12990	11359	8390
研发费用	5636	5968	5909	5844	5584	4782
销售费用	4379	4380	3933	3856	3769	3205
管理费用	1165	1284	1145	1039	1085	959
商誉减值	0	0	908	0	1090	0
其他收益	2312	420	338	476	221	403
其他费用	424	1195	510	657	1125	2150
营业利润	7985	4966	1197	2070	1073	2303
利息费用	43	185	243	254	255	264
财务净费用	239	-2	-265	-285	-102	-340
税前利润	8225	4785	719	1532	-1453	-2908
所得税	1522	1081	702	443	290	1145
净利润	6703	3704	17	1089	-1743	-3789
息税前利润	8268	4970	962	1786	-1198	-2644
折旧摊销	1206	1617	1784	1771	1562	1326
资产减值损失	63	149	101	110	248	109
息税折旧及摊销前利润	9537	6736	2847	3667	612	-1209

资料来源：王维焕. 巨星的陨落［D］. 厦门：厦门大学，2013.

企业利润是反映其经营成果的重要指标。利润的多少取决于收入和费用以及直接计入当期利润的利得和损失的金额。通过比较表 6-4 中诺基亚公司利润的数据发现，诺基亚公司 2012 年比 2007 年的营业利润、利润总额及净利润都发生了大幅度下降。通过表6-4中关于利润的关键项目进一步分析可以分析，本书总结了诺基亚利润发变动的主要原因：

首先是税前利润。税前利润能够反映诺基亚公司的全部财务成果，它不仅可以反映企业的营业利润，而且还可以反映企业营业外收支情况，诺基亚公司在2012年税前利润与2007年相比减少了111.33亿欧元，下降了135.36%，出现这种情况的主要原因可能是由于诺基亚公司的营业利润减少了56.82亿欧元，下降了71.16%，这是影响利润总额的不利因素；2007~2012年其他收益降低了19.09亿欧元，下降了82.57%，其他费用增加17.26亿欧元，增长了407.08%，这是影响营业利润增加的不利因素。

其次是诺基亚公司的净利润。净利润可以反映诺基亚公司最终取得的财务成果，也可以反映出诺基亚公司盈利能力的表现。根据表6-4可知，诺基亚公司2012年实现净利润为-37.89亿欧元，相较于2007年减少了104.92亿欧元，降低了156.53%。公司净利润减少的主要原因是2007~2012年税前利润降低了111.33亿欧元，下降了135.36%。

一般而言，计算企业利润的第一步是计算营业利润，通常它也是企业在一定时期内反映其盈利状况最主要、最稳定的关键来源，它包含了企业在除了销售商品、提供劳务等日常活动中所产生的营业毛利。此外，企业公允价值变动净收益、对外投资净收益和接受政府补助的其他收益，反映了企业的自身生产经营业务的财务成果。通过对表6-4中数据计算可以得出，诺基亚公司营业利润减少的原因可能是营业收入和其他收益的大幅下降，以及其他费用大幅增加所致。2012年与2007年比较，诺基亚公司的营业成本降低了119.95亿欧元，下降幅度为35.51%，而利息费用增加了2.21亿欧元，增长了513.95%。此外，诺基亚公司的营业利润从2007年的79.85亿欧元降低到了2012年的23.03亿欧元，降低了56.82亿欧元。由于其营业成本降低了119.95亿欧元，降低了35.51%，没有超过了营业收入的降幅；再加上管理费用降低了2.06亿欧元，下降了17.68%；销售费用减少了11.74亿欧元，降低了26.81%；虽然研发费用2007~2012年先大幅度增加其后又逐渐降低，但是研发费用总体上下降了8.54亿欧元，降低了15.15%；财务净费用降低了 5.79 亿欧元，降低了 242.26%；其他收益减少了 19.09 亿欧元，降低了 82.57% 等不利于营业利润降低的影响，使增减相抵后营业利润减少了 56.82 亿欧元，降低了 71.16%。

再次是营业毛利。营业毛利是企业营业收入减去营业成本之后的差额。通过对表 6-4 中的数据分析可以看到，诺基亚公司 2012 年的营业毛利是 83.90 亿欧元，而 2007 年的营业毛利是 172.77 亿欧元，2012 年营业毛利比 2007 年下降 88.87 亿欧元，下降率为 51.44%，其中最关键的影响因素是其营业收入下降了 4888.82 亿欧元，降低率为 94.19%，营业成本也下降了 119.95 亿欧元，下降率为 35.51%，综合各种因素后得到诺基亚公司的营业毛利降低了 88.87 亿欧元。

从总体看，诺基亚公司在 2007~2012 年的利润呈现下降趋势，无论是净利润、税前利润还是营业利润均有所下降。其主要原因可能包括以下四个方面：一是营业收入下降；二是利息费用增加；三是其他收益减少；四是其他费用增加。如果将诺基亚公司 2007~2012 年的财务数据进行连续性变动分析，可以发现，在此期间诺基亚公司整体处于衰退阶段。一方面，这个期间诺基亚公司的营业收入逐年在大幅下降，虽然它的营业成本也在逐年下降，但是营业成本的下降幅度相较于营业收入下降的幅度太弱，难以相互抵消；另一方面，诺基亚公司的营业利润先是大幅度下降紧接着是小幅波动，总体而言表现出向下的趋势。

最后是诺基亚公司每年的净利润，也是大幅度下降，即使在 2010 年有小幅的增长，之后就一直大幅度下降，直至出现严重亏损。下面，对诺基亚公司的现金流量表相关数据进行分析，具体数据见表 6-5。

表 6-5　诺基亚公司现金流量表　　　　单位：百万欧元

项目 ＼ 年份	2007	2008	2009	2010	2011	2012
经营净现金	7882	3197	3247	4774	1137	−354
投资净现金	−710	−2905	−2148	−2421	1499	562

续表

项目 \ 年份	2007	2008	2009	2010	2011	2012
筹资净现金	-3832	-1545	-696	-911	-1099	-465
汇率的影响	-15	-49	-25	224	107	-27
当年现金增减	3325	-1302	378	1666	1644	-284
年末现金余额	6850	5548	5926	7592	9236	8952

资料来源：王维焕. 巨星的陨落 [D]. 厦门：厦门大学，2013.

根据表6-5可知，诺基亚公司2012年的经营净现金流量比2007年的经营净现金流量减少了82.36亿欧元，下降率为104.49%，投资净现金流量则有所增加，增加了12.72亿欧元，增长率为179.15%，筹资净现金流量也有所增加，增加了33.67亿欧元，增长率为87.86%。通过分析表6-5中2007~2012年数据的一个连续性的变化，并结合表6-3和表6-4，基本上可以判断诺基亚公司在2007~2012年已经处于业务下滑阶段。而且诺基亚公司每年的经营现金净流量处于迅速下降的状态，甚至每年的筹资净现金流量都处于负增长状态。所以，从财务的角度能够说明，诺基亚在面临技术发生重大变化的冲击下企业并没有进行合理的调整，最终导致其财务业绩一路下滑。

（三）诺基亚公司面临颠覆性技术创新中失败的原因

通过对诺基亚公司财务报表中相关数据的分析发现，诺基亚公司并不是在智能手机一进入市场时就被颠覆掉了，而是经历了一个曲折的波动后才被迫退出市场，本节试图分析诺基亚公司从曾经手机行业的霸主到最终面临破产清算，不得不将手机业务转出售卖的原因，包括以下两个方面：一是客观的原因，颠覆性技术变革所带来的行业冲击，这是客观存在的，也是当时在位的所有企业都需要面对的颠覆性技术创新挑战；二是主观的原因，主要是面对颠覆性创新技术出现后企业自身（特别是企业高管团队）的认知和应对策略，因为在同一个技术创新冲击之下，不同的企业做出了不同的选择，有的企业完全将颠覆性创新置之不顾，依然我行我素；而有的企业非常重视颠覆性技术创新，从而加强自身变革，完成自我革命，最终实现华丽转型。

1. 客观原因：颠覆性技术变革对功能手机行业的冲击

诺基亚公司曾经作为手机行业的领导者，占有超过 1/3 的市场份额。但是诺基亚公司最终被迫退出了手机市场，其中最主要的原因之一就是整个手机行业面临着颠覆性技术创新的冲击，这是技术发展和进步的必然选择，任何人和任何企业均无法阻挡。就像当年的内燃机取代蒸汽机一样，随着时代的发展，技术必然会进步。在当时那样的颠覆性创新技术冲击下，功能手机已不再是消费者最优项的选择，随着用户对手机功能的多样化需求，智能手机设计出更加符合消费者需求的功能。这种创新源于企业家和工程师而并非消费者，只不过是消费者选择了智能手机而非设计，苹果公司的主要创始人乔布斯曾讲道："企业设计什么样的需求，消费者就会产生什么样的需求。"智能手机的出现不仅颠覆了手机行业的一个技术或一个类型的手机再或一个生产功能手机的制造商，它之所以能造成如此局面，是因为它改变了人们的生活方式。今天看了手机确实成了"人的某个器官"，虽然这个"器官"坏了可以更换，但也是人们无法割舍的一部分，一些人如果发现手机不在身边就会感到心慌、恐惧、空虚等，我们出门没有手机会非常的不方便，因为手机捆绑的工作、社交、出行、娱乐等功能可能会让那些出门忘带手机的人"寸步难行"。这些场景在几十年前的功能手机的时代，我们并不能想象出用手机支付、通过手机与相隔万里的家人、朋友进行视频聊天、随时随地在网络上购物等。

所以，这个颠覆性创新技术冲击波不可避免，任何经历其中的企业都将面临它的冲刷，短期内可能会有些企业苟延残喘，但长期来看，没有一家企业可以幸免于难。

2. 主观原因：面对颠覆性创新技术冲击下企业高管团队的应对策略

投资领域有一句比较经典的话："潮水退去之后，才知道谁没有穿裤衩。"这句话虽然有几分调侃之意，但却道出了事过之后不同结局的真谛。前文总结了诺基亚公司失败的客观原因，就是颠覆性技术的冲击，这是任何人都无法阻挡的。但是，不是所有的手机生产商都在那场颠覆性技术冲击中覆灭了。为什么不同的企业选择了不同的路径？首先需要明白，一个企业在面临技术创新变革时，应对战略的决策是由谁做出的？即使不知道具体是哪个人做出的，但是至少可以肯定的是，它不可能由任何一位普通员工做出，这样的战略决策往往是由企业的高管团队做出的。也就是说，主观上诺基亚公司的高管团队在面对颠覆性技术创新冲击的外部环境变化是没有很好地理解这种颠覆性技术创新对诺基亚公司带来的影响，以致没有进行技术变革。

诺基亚公司面临颠覆性技术创新进入市场挑战时，其高管团队的一个应对方案和措施并没有体现对该颠覆性创新技术的重视。当时世界经济处于危机时刻，诺基亚公司的高管过于追求高效率和成本控制，导致处于创新者窘境。一方面，诺基亚公司当时在手机行业已经占据龙头地位，具有比较成熟的设计、研发、生产及销售等成熟的研产销一体化模式；另一方面，手机市场的销量给公司带来了源源不断的现金流，这个事实加重了诺基亚公司高管团队的短视效应，使他们无视未来技术变革。实际上当时诺基亚公司已经研发出了触屏技术和 3D 技术，但是这些技术的应用主要面向功能手机。而如果将新技术应用于尚未成熟的智能试验机，虽然当时在诺基亚公司内部已通过内测，但最终高层决策时还是认为智能手机可能面临高风险，导致放弃智能手机研发。俗话说："成也萧何，败也萧何。"正是由于诺基亚公司过于成功，其内部具有固定的"生态系统"，其高管团队的基因固化及面临公司发展中的困境时的路径依赖导致在建立起一个新的"生态系统"时必然会失败。一个企业可能辉煌一时，但是要确保实力的存续，就是要不断地颠覆自己，否则可能就会被人颠覆掉。颠覆自己需要刀刃向内，更需要企业高管的勇气和魄力。

第四节　颠覆性技术创新的意义

颠覆性技术创新的飞速发展对个人、企业、社会乃至国家都有深远的意义。对于个人来说，颠覆性创新技术可能会改变每一个人的生活方式；对于企业而言，颠覆性技术创新可以为企业提供源源不断的生命力和持续不断的竞争力；对于社会乃至国家而言，颠覆性创新技术可以为其发展与进步带来原动力。本节从颠覆性技术创新的微观意义及宏观意义两个方面阐述其存在的价值。

一、颠覆性创新的微观意义

对于一个企业来说，创新是寻找新的机遇和出路的重要手段，而颠覆性创新更是让企业实现弯道超车的重要方式。企业的核心就是创新，只有不断改革创新，不断开拓进取，才能拥有源源不断的生机，才能在这个竞争激烈的市场中立于不败之地，中国企业需要借助颠覆性技术创新，提高我国关键核心技术创新能力。

颠覆性技术能够通过对技术创新能力的提高，以及对技术手段的改变从而影响技术发展。随着社会的不断发展与进步，企业要与时俱进，企业的生产也要随着社会需求的变化而革新。当企业已有的技术手段无法满足企业自身生产的要求时，人们就会对旧的技术进行升级或是重新创造新的技术。颠覆性技术创新，在这一过程中起到了颠覆性的作用，它的产生与发展促使企业不断突破自我，探索新的技术创新生产方式，从而提供创新性产品。

颠覆性创新技术的出现，改变又重新定义了竞争的规则，这个过程中促进了企业技术创新能力的逐步提升。企业不再依赖于模仿，更需要长时间、高质量进行技术投入，同时也引起企业、国家和社会对颠覆性创新技术的重视，因为颠覆性技术创新致力于开发一种全新的技术轨道，它与以往的传统技术创新是截然不同的。随着颠覆性技术不断涌现，全球范围内的新一轮产业变革也开始出现，这个趋势使企业面临的竞争环境复杂多变且模糊不定，面对这样的竞争环境，企业只有加快向颠覆性技术创新发展，才能站稳脚跟，并拥有持续的竞争力，成为我国建设科技强国的重要力量。

二、颠覆性创新的宏观意义

创新是社会进步与经济发展的不竭动力。在人类发展进程中，第一次工业革命的技术创新是蒸汽机，从而打破了人力劳动的束缚；第二次工业革命中的重大技术创新是电力和内燃机等技术的产生，将机械应用到更广泛的领域；第三次工业革命的技术创新是互联网及电子技术和信息技术。这三次工业革命的本质都是颠覆性技术创新的出现所带来的工业转型升级，也是这些颠覆性技术创新的出现，为社会全球经济发展提供了动力（李冠华，2020），未来的第四次工业革命也必将是颠覆性技术创新。科学技术在人类社会发展进步过程中，发挥着决定性和主导性作用，从某种意义上说，科学技术的价值是由颠覆性技术集中彰显的（刘琦岩，2016）。

颠覆性技术创新对人们的生活方式产生了深远的影响。由于颠覆性创新技术发展迅速，其成果应用广泛，随着技术的不断成熟而渗透到社会经济的各领域，主要表现为三点：

第一，颠覆性技术创新改变了商业世界的游戏规则。一般来说，颠覆性技术是一种全新的技术，它可以创造出新的产品和服务，进而改变商业世界的游戏规则，进而影响人们的生活方式。当今社会，每时每刻不断有新的事物出现，几乎每一项颠覆性技术都可以被人称为"重大突破"，例如，iPhone手机已经彻底颠覆了手机行业，因为它改变了用户使用手机的方式，还给和它相关的产业带来了机遇和挑战。

第二，颠覆性创新促进三个产业发展，特别是服务业的发展尤为显著。例如，医疗、卫生事业的发展。近年来，颠覆性创新技术逐渐应用在医疗卫生领域，为医疗卫生事业带来了新的生机，为人类健康水平和生命质量的提升创造了条件。

第三，颠覆性创新技术在改善生态环境方面的意义。生态环境的改善一直是各国政府关注的话题。随着颠覆性技术创新在生态环境改善方面的应用，政府和企业在改善生态环境、合理利用资源、协调人与自然关系中更有效率，颠覆性技术创新已经逐渐发展为解决生态问题的重要手段。

此外，颠覆性技术创新对国家竞争力产生了深刻影响。当前，一个国家和民族想要增强综合国力和国家核心竞争力，就一定要将重心放在关键核心科技创新上，而所谓的关键核心科技创新是要在那些被别人"卡脖子"的技术上要有所突破，并不是模仿式创新，而是要追求原始创新和颠覆性创新，这样才不会轻易被技术发达国家实施技术制裁，进而陷入被动，所以中国未来想要在激烈的国际竞争环境中赢得胜利，实现弯道超车，在世界建立科技强国，通过颠覆性技术创新是必由之路。本节整理了张维迎（2022）关于三次工业革命的重大颠覆性技术创新，每次当这些技术被推出时，都塑造了一个新的时代。

1709 年，英国企业家亚伯拉罕·达比发明了焦炭炼铁工艺，大规模廉价铁的生产成为可能。

1765 年，英国人詹姆斯·哈哥里弗斯发明了珍妮机，实现了一个人同时能纺出几根线，实现了机械代替手工纺线技术。

1784 年，英国人亨利·科特发明了搅拌炼铁法，人类进入钢铁时代。

1786 年，瓦特将蒸汽机转变为旋转动力，并用在了面粉加工厂。

1825 年，英国企业家斯蒂文森父子发明了火车。

1851 年，美国人艾萨克·辛格发明了锁式缝纫机，使制衣效率大幅提升。

1856 年和 1861 年，相继出现了贝塞麦转炉炼钢法和西门子平炉炼钢法，从此钢代替铁和木材成为重要的原材料。

1876 年，德国人奥古斯特·奥托发明了内燃机，也是在这一年亚历山大·贝尔发明了电话。

1887 年，移民美国的塞尔维亚人尼古拉·特斯拉发明了感应电动机。

1892 年，德国人道夫·狄塞尔发明了柴油机。

1886 年，德国人卡尔·本茨和戈特利布·戴姆勒同时发明了内燃机驱动的汽车。

之后的计算机、互联网、智能手机……

每一项颠覆性技术创新都会颠覆一个时代；每一项颠覆性技术创新都让我们感到兴奋。

第五节　本章小结

颠覆性技术创新在新一轮科技革命时期促进新产业和新业态的出现，如信息技术、生物技术及新能源技术等颠覆性技术创新，已深入人们生活中的许多方面。颠覆性技术创新不仅对人们的日常生活产生了巨大的影响，同时对世界经济的发展及科学技术的促进带来了颠覆性的改变。本章主要介绍了企业颠覆性技术创新行为的后果、什么样的企业进行过颠覆性技术创新变革、经历过颠覆性技术创新变革后企业的高管团队具有什么特征，以及经历过颠覆性技术创新失败后的企业，最后总结了颠覆性技术创新的意义。

研究表明，经历过颠覆性技术创新企业的高管团队除了他们自身的稳定性、异质性、多元化特征外，他们相较于其他没有经历过颠覆性技术创新的高管团队对新事物的接受能力更加强，面对挑战也更能承受且更容易度过。颠覆性技术的应用很可能产生了巨大的影响，颠覆性技术的飞速发展给传统的生产方式带来了巨大的冲击，它在一定程度上使劳动者的创新思维方式发生了改变，并且有效提高了劳动者的技术创新能力，加速改革和创新了劳动工具，扩大了劳动对象的范围及颠覆性技术通过对生产关系的突破间接影响到生产力的发展。此外，它改变了人们的生活方式，推动企业技术的发展、社会经济发展及国家竞争力提升方面产生了深刻影响。颠覆性技术创新不仅是颠覆一个行业、一个市场，还颠覆了人们的生活方式。企业在经历了颠覆性技术创新后，赢家最终功成名就，成为了行业上的主导者。

回望那些在颠覆性创新中失败的企业，并不是这些企业没有实力进行颠覆性创新，而是高管团队的认知模式和企业决策者面对风险与收益之间进行平衡的问题上犯了错，因为他们之前做得太成功了，这种成功的光环笼罩着企业沉浸在胜利的喜悦中不能自拔，然而一觉醒来，潮水已经退去。

虽然不知道谁会倒在下一轮颠覆性创新的浪潮中，但是可以确信，未来颠覆性创新对人们的冲击会更加强烈，因为未来充满了不确定性，也让每个人憧憬着它的到来。

参考文献

［1］ Abatecola G, Cristofaro M. How Do Organizations Adapt: Reviewing the Evolving Contribution of Upper Echelons Theory ［C］. Paper Presented at the Conference of the European Academy of Management, 2016.

［2］ Abrahamson E, Hambrick D C. Attentional Homogeneity in Industries: The Effect of Discretion ［J］. Journal of Organizational Behavior, 1997, 18 (S1): 513-532.

［3］ Adams R B, Licht A N, Sagiv L. Share Holders and Stakeholders: How Do Directors Decide? ［J］. Strategic Management Journal, 2011, 32 (12): 1331-1355.

［4］ Ambos T C, Birkinshaw J. Headquarters Attention and Its Effect on Subsidiary Performance ［J］. Management International Review, 2010, 50 (4): 449-469.

［5］ Anderson P, Tushman M L. Managing through Cycles of Technological Change ［J］. Research-Technology Management, 1991, 34 (3): 26-31.

［6］ Anderson P, Tushman M L. Technological Discontinuities, Dominant Designs: A Cyclical Model of Technological Change ［J］. Administrative Science Quarterly, 1990 (35): 604-633.

［7］ Ashby N J S, Rakow T. Eyes on the Prize? Evidence of Diminishing Attention to Experienced and Foregone Outcomes in Repeated Experiential Choice

[J] . Journal of Behavioral Decision Making, 2016, 29 (11): 183-193.

［8］ Barnett M L. An Attention-Based View of Real Options Reasoning ［J］. Academy of Management Review, 2008, 33 (3): 606-628.

［9］ Barney J. Firm Resources and Sustained Competitive Advantage ［J］. Journal of Management, 1991, 17 (1): 99-120.

［10］ Bouquet C, Morrison A, Birkinshaw J. International Attention and Multinational Enterprise Performance ［J］. Journal of International Business Studies, 2009, 40 (1): 108-131.

［11］ Boyd B K. CEO Duality and Firm Performance: A Contingency Model ［J］. Strategic Management Journal, 1995, 16 (4): 301-312.

［12］ Brentani U, Reid S E. The Fuzzy Front-End of Discontinuous Innovation: Insights for Research and Management ［J］. Journal of Product Innovation Management, 2012, 29 (1): 70-87.

［13］ Burgelman R A, Grove A S. Let Chaos Reign, then Rein in Chaos—Repeatedly: Managing Strategic Dynamics for Corporate Longevity ［J］. Strategic Direction, 2008, 28 (2): 965-979.

［14］ Buyl T, Boone C, Matthyssens P. Upper Echelons Research and Managerial Cognition ［J］. Strategic Organization, 2011, 9 (3): 240-246.

［15］ Chen S, Miao B, Wu S, et al. How does TMT Attention to Innovation of Chinese Firms Influence Firm Innovation Activities? A Study on the Moderating Role of Corporate Governance ［J］. Journal of Business Research, 2015, 68 (5): 1127-1135.

［16］ Child J. Organization Structure, Environment, and Performance: The Role of Strategic Choice ［J］. Sociology, 1972, 6 (1): 1-22.

［17］ Cho T S, Hambrick D C. Attention as the Mediator between Top Management Team Characteristics and Strategic Change: The Case of Airline Deregulation ［J］. Organization Science, 2006, 17 (4): 453-469.

［18］ Christensen C M, Anthony S D, Roth E A. Seeing What's Next:

Using the Theories ofInnovation to Predict Industry Change［M］. Boston：Harvard Business School Press, 2004.

［19］Christensen C M, McDonald R, Altman E J, et al. Disruptive Innovation：An Intellectual History and Directions for Future Research［J］. Journal of Management Studies, 2018, 55（7）：1043-1078.

［20］Christensen C M. Raynor E M. The Innovator's Solution：Creating and Sustaining Successful Growth［M］. Boston：Harvard Business School Press, 2003.

［21］Christensen C M. The Innovator's Dilemma：When New Technologies Cause Great Firms to Fail［M］. Boston：Harvard Business School Press, 1997.

［22］Christensen C M. The Ongoing Process of Building a Theory of Disruption［J］. Journal of Product Innovation Management, 2006, 23（1）：39-55.

［23］Danneels E. Trying to Become a Different Type of Company：Dynamic Capability at Smith Corona［J］. Strategic Management Journal, 2015, 32（1）：1-31.

［24］Dearborn D C, Simon H A. Selective Perception：A Note on the Departmental Identifications of Executives［J］. Sociometry, 1958, 21（2）：140-144.

［25］Eggers J P, Kaplan S. Cognition and Renewal：Comparing CEO and Organizational Effects on Incumbent Adaptation to Technical Change［J］. Organization Science, 2009, 20（2）：461-477.

［26］Foster R. Innovation：The Attacker's Advantage［M］. New York：Smnmit Books, 1986.

［27］Gavetti G, Levinthal D A. The Strategy Field from the Perspective of Management Science：Divergent Strands and Possible Integration［J］. Management Science, 2004, 50（10）：1309-1318.

［28］Gavetti G, Levinthal D. Looking Forward and Looking Backward：Cognitive and Experiential Search［J］. Administrative Science Quarterly, 2000, 45（1）：113-137.

［29］ Govindarajan V, Kopalle P K. Disruptiveness of Innovations: Measurement and an Assessment of Reliability and Vatidity ［J］. Strategic Management Joumal, 2006, 27 (2): 18-199.

［30］ Hambrick D C, Marta A Geletkanycz, James W. Fredrickson Top Executive Commitment to the Status Quo: Some Tests of Its Determinants ［J］. Strategic Management Journal, 1993, 14 (6): 401-418.

［31］ Hambrick D C, Phyllis A Mason. Upper Echelons: The Organization as a Reflection of its Top Managers ［J］. Academy of Management Review, 1984, 9 (2): 193-206.

［32］ Hambrick D C. Top Management Team: Key to Strategic Success ［J］. California Management Review, 1987, 30 (1): 88-108.

［33］ Hambrick D C. Upper Echelons Theory: An Update ［J］. Academy of Management Review, 2007, 32 (2): 334-343.

［34］ Hambrick D, Mason P. Upper Echelons: The Organization as a Reflection of its Top Managers ［J］. Academy of Management Review, 1984, 9 (2): 193-206.

［35］ Henderson R M, Clark K B. Architectural Innovation: The Reconfiguration of Existing Product Technologies and the Failure of Established Firms ［J］. Administrative Science Quarterly, 1990, 35 (1): 9-30.

［36］ Hoffman A J, Ocasio W. Not All Events Are Attended Equally: Toward a Middle-Range Theory of Industry Attention to External Events ［J］. Organization Science, 2001, 12 (4): 414-434.

［37］ Joseph L B, Christensen C M. Disruptive Technologies: Catching the Wawe ［J］. Harvard Business Review, 1995 (1-2): 43-53.

［38］ Kaber D, Hancock P, Jagacinski R, et al. Pioneers in Cognitive Engineering & Decision Making Research-Foundational Contributions to the Science of Human-Automation Interaction ［C］. Paper Presented at the Human Factors and Ergonomics Society Meeting, 2011.

[39] Kaplan S, Murray F, Henderson R. Discontinuities and Senior Management: Assessing the Role of Recognition in Pharmaceutical Firm Response to Biotechnology [J] . Industrial & Corporate Change, 2003, 12 (2): 203-233.

[40] Kaplan S, Tripsas M. Thinking about Technology: Applying a Cognitive Lens to Technical Change [J] . Research Policy, 2008, 37 (5): 790-805.

[41] Kemp R, Schot J, HoogmaR. Regime Shifts to Sustainability through Processes of Niche Formation: The Approach of Strategic Niche Management [J]. Technology Analysis, 1998, 10 (2): 175-198.

[42] Kenagy J W. A Brief Commentary or Disruptive Innovation in Health Care. [EB/OL] . [2001 - 07 - 20] . http: //commerce/senate - gov/hearings/ 072301kenagu. pdf.

[43] Kenagy J W, Christensen C M. Disruptive Innovation: A New Diagnosis for Health Care's Financialflu [J] . Healthcare Financial Management: Journal of the Healthcare Financial Management Association, 2002, 56 (5): 123-133.

[44] Knight Risk. Uncertainty and Profit [M] . Beijing: Social Science Electronic Publishing, 1921.

[45] Kostoff R N, Boylan R, Simons G R. Disruptive Technology Roadmaps [J] . Technological Forecasting and Social Change, 2004, 71 (2): 141-159.

[46] Krishnan H A, Park D. A Few Good Women - on Top Management Teams [J] . Journal of Business Research, 2005, 58 (12): 1712-1720.

[47] Leifer R, O' Connoer G C. Implementing Radical Innovation in Mature Fnms: The Role of Hubs [J] . The Academy of Management Executive, 2001, 15 (3): 102.

[48] Lettice F, Thomond P. Allocating Resources to Disruptive In - Novation Projects: Challenging Mental Models and Overcoming Management Resistance [J]. International Journal of Technology Management, 2008, 44 (12): 140-159.

[49] Levy O. The Influence of Top Management Team Attention Patterns on

Global Strategic Posture of Firms [J] . Journal of Organizational Behavior, 2005, 26 (7): 797-819.

[50] Loewenstein G, Rick S, Cohen J D. Emotionalizing Strategy Research with the Repertory Grid Technique: Modifications and Extensions to a Robust Procedure for Mapping Strategic Knowledge [J] . Advances in Strategic Management, 2015, 32 (2): 505-547.

[51] Lyon D W, Ferrier W J. Enhancing Performance with Product-Market Innovation: The Influence of the Top Management Team [J] . Journal of Managerial Issues, 2002, 14 (4): 452-469.

[52] Maddison D. Innovation, Ideology and Innocence [J] . Social Science & Medicine, 1982, 16 (6): 623-628.

[53] March J G, Simon H A. Organizations [M] . State of New Jersey: Wiley-Blackwell Press, 1958.

[54] March J G, Cyert R M. A Behavioral Theory of the Firm [M] . State of New Jersey: Prentice-Hall Press, 1963.

[55] Maula M V J, Keil T, Zahra S A. Top Management's Attention to Discontinuous Technological Change: Corporate Venture Capital as an Alert Mechanism [J] . Organization Science, 2013, 24 (3): 926-947.

[56] Mokyr J. The Lever of Riches: Technological Creativity and Economic Progress [M] . Oxford: Oxford University Press, 1990.

[57] Myers S, Marquis D G. Successful Industrial Innovations: A Study of Factors Underlying Innovation in Selected Firms [M] . Washington: National Science Foundation, 1969.

[58] Nadkarni S, Barr P S. Environmental Context, Managerial Cognition, and Strategic Action: An Integrated Views [J] . Strategic Management Journal, 2008, 29 (13): 1395-1427.

[59] Nielsen S. Top Management Team Diversity: A Review of Theories and Methodologies [J] . International Journal of Management Review, 2010, 12

（3）：301-316.

［60］Nisbett R E, Peng K, Choi I, Norenzayan A. Culture and Systems of Thought: Holistic Versus Analytic Cognitions ［J］. Psychological Review, 2001, 108（2）：291-310.

［61］Ocasio W, Joseph J. Rise and Fall - or Transformation ［J］. Long Range Planning, 2008, 41（3）：248-272.

［62］Ocasio W. Attention to Attentions ［J］. Organization Science, 2011, 22（22）：1286-1296.

［63］Ocasio W. Towards an Attention-based View of the Firm ［J］. Strategic Management Journal, 1997, 18（18）：187-206.

［64］Paap J, Katz R. The Battle of Floppy Disks: How Maturing Drivers Led Technology Disruption ［J］. Research Technology Management, 2004, 65（2）：9-15.

［65］Porter M E. Competitive Strategy: Techniques for Analyzing Industries and Competitors ［M］. New York: Free Press, 1980.

［66］Sapienza H J, Clercq D, Sandberg W R. Antecedents of International and Domestic Learning Effort ［J］. Journal of Business Venturing, 2005, 20（4）：451-457.

［67］Sawhney M, Wolcott R C, Arroniz I. The Twelve Different Ways for Companies to Innovate ［J］. Engineering Management Review, 2007, 35（1）:45.

［68］Schmookler J. Inventions and Economic ［M］. New York: Growth Harvard University Press, 1996.

［69］Schumpeter J A, Knudsen B T. The Theory of Economic Development: An Inquiry Into Profits ［J］. Journal of Economic Literature, 2005, 43（1）：108-120.

［70］Schumpeter J A. The Theory of Economic Development: An Inquiry Into Profits, Capital, Credit, Interest, and the Business Cycle ［M］. New Brunswick: Transaction Publishers, 1934.

［71］Shalley C. E. The Effects of Personal and Contextual Characteristics on

Creativity: Where Should We Go from Here? [J] . Journal of Management, 2004, 30 (6): 933-958.

[72] Simon H A. Administrative Behavior [M] . New York: The Free Press, 1947.

[73] Simon H. A. The Architecture of Complexity [J] . Proceedings of the American Philosophical Society, 1962, 27 (6): 467-482.

[74] Smith W K, Tushman M L. Managing Strategic Contradictions: A Top Management Model for Managing Innovation Streams [J] . Organization Science, 2005, 16 (5): 522-536.

[75] Thomond P, Herzberg T, Lettice E. Disruptive Innovation Explored [R] . 2002.

[76] Thomond P, Lettice E. Disruptive Innovation Explored [J]. Concurrent Engineering Conference Proceedings, 2002 (7): 18-29.

[77] Tushman M, Anderson P. Technological Discontinuities and Organizational Environments [J] . Administrative Science Quarterly, 1986, 31 (3): 439-466.

[78] Utterback J M. Mastering the Dynamics of Innovation [M]. Boston: Harvard Business School Press, 1994.

[79] Vadim Kotelnikov. Radical Innovation VersusI Ncremental Innovation [M] . Boston: Harvard Business School Press, 2000.

[80] Veryzer Jr R W. Discontinuous Innovation and the New Product Development Process [J]. Journal of Product Innovation Management, 1998, 15 (4): 304-321.

[81] Watkins G P. Knight's Risk, Uncertainty and Profit [J] . The Quarterly Journal of Economics, 1922, 36 (4): 682-690.

[82] Weber M, Truffer B. Experimenting with Sustainable Transport Innovations: A Workbook for Strategic Niche Management [M] . Enschede: University of Twente, 1999.

［83］ Wen Pan Fagerlin, Yueqi Wang. Top Managers' Communication Efforts as Response to Tensions in Product Innovation: An Attention-Based View ［J］. Baltic Journal of Management, 2001, 16（1）: 36-56.

［84］ Winter S G, Nelson R R. An Evolutionary Theory of Economic Change ［M］. New York: Harvard University Press, 1982.

［85］ Yadav M S, Prabhu J C, Chandy R K. Managing the Future: CEO Attention and Innovation Outcomes ［J］. Journal of Marketing, 2007, 71（4）: 84-101.

［86］ Zelechowski D, Bilimoria D. Charateristics of Momen and Men Corporate Inside Directers in the US ［J］. Corporate Governance: An International Review, 2004（3）: 337-342.

［87］ Zeng J, Glaister K W. Competitive Dynamics between Multinational Enterprises and Local Internet Platform Companies in the Virtual Market in China ［J］. British Journal of Management, 2016, 27（3）: 479-496.

［88］［美］彼得·德鲁克. 创新与企业家精神 ［M］. 蔡文燕，译. 北京: 机械工业出版社，2007.

［89］ 陈蓓蕾. 美国苹果电脑国际有限公司 iPhone 系列产品营销策略研究 ［D］. 上海: 华东理工大学，2013.

［90］ 陈菡，张佳林，罗冬秀. 拼多多的崛起路径与创新机理 ［J］. 财会月刊，2021（1）: 155-160.

［91］ 陈慧，梁巧转，张悦. 基于 Meta 分析的团队断裂研究: 分类、效果与情境 ［J］. 管理评论，2019, 31（3）: 116-130.

［92］ 陈劲. 以"创新逻辑"超越"市场逻辑"［J］. 清华管理评论，2020, 86（11）: 1-2.

［93］ 陈劲. 引领性创新: 突破关键核心技术的重要范式——评《引领性创新: 一种创新管理新范式》系列研究成果 ［J］. 创新科技，2022, 22（2）: 93.

［94］ 陈强，郭帅. 分享经济企业发展战略演进路径研究——基于滴滴

出行的案例分析 [J]. 科学决策, 2020 (11): 42-69.

[95] 陈守明, 戴燚. 高管团队职能背景多样性与企业创新产出间关系——创新关注的中介作用 [J]. 科技进步与对策, 2015, 32 (18): 75-82.

[96] 陈守明, 冉毅, 陶兴慧. R&D 强度与企业价值——股权性质和两职合一的调节作用 [J]. 科学学研究, 2012, 30 (3): 441-448.

[97] 陈思睿, 杨桂菊, 王彤. 后发企业的颠覆性创新机理模型——基于小米公司的探索性案例研究 [J]. 管理案例研究与评论, 2019, 12 (4): 365-382.

[98] 陈小婷. 颠覆性创新发展研究述评 [J]. 价值工程, 2020, 39 (18): 251-253.

[99] 陈忠卫, 常极. 高管团队异质性、集体创新能力与公司绩效关系的实证研究 [J]. 软科学, 2009 (9): 78-83.

[100] 陈仲常, 余翔. 企业研发投入的外部环境影响因素研究——基于产业层面的面板数据分析 [J]. 科研管理, 2007 (2): 78-123.

[101] 崔小雨, 陈春花, 苏涛. 高管团队异质性与组织绩效的关系研究: 一项 Meta 分析的检验 [J]. 管理评论, 2018, 30 (9): 152-163.

[102] 邓龙安. 战略性新兴产业颠覆性创新的过程结构与实现机理——兼析"十四五"期间我国战略性新兴产业颠覆性创新举措 [J]. 中国经贸导刊 (中), 2021 (1): 4-8.

[103] 方小翠, 周梓涵. 新兴产业的创新秘诀: 技术创新+商业模式创新 [J]. 石油科技论坛, 2018, 37 (1): 60-63.

[104] 冯立杰, 杜靖宇, 王金凤, 岳俊举. 颠覆式创新视角下后发企业价值网络演变路径 [J]. 科学学研究, 2019, 37 (1): 175-183.

[105] 付玉秀, 张洪石. 突破性创新: 概念界定与比较 [J]. 数量经济技术经济研究, 2004, 21 (3): 73.

[106] 干春晖, 姚瑜琳. 策略性行为理论研究 [J]. 中国工业经济, 2005 (11): 118-125.

［107］关斌，吴建祖．高管团队特征对企业国际市场进入模式的影响研究——注意力的中介作用［J］．管理评论，2015（11）：118-131.

［108］何瑛，于文蕾，戴逸驰，等．高管职业经历与企业创新［J］．管理世界，2019，35（11）：174-192.

［109］贺远琼，陈昀．不确定环境中高管团队规模与企业绩效关系的实证研究——基于中国制造业上市公司的证据［J］．科学学与科学技术管理，2009，30（2）：123-128.

［110］怀进鹏．颠覆式创新给中国带来弯道超车机会［N］．中国青年报，2016-03-28.

［111］黄明．中国环境下苹果公司的战略分析：以 iPhone 手机为例［J］．商场现代化，2018（10）：6-8.

［112］黄珊珊，邵颖红．高管创新意识、企业创新投入与创新绩效：基于我国创业板上市公司的实证研究［J］．华东经济管理，2017，31（2）：151-157.

［113］黄雪晴．产业集群创新网络结构对颠覆性创新的影响机制研究［D］．上海：上海应用技术大学，2020.

［114］贾新华．CEO 权力支配性、TMT 互动行为与组织创新行为关系研究［D］．长春：吉林大学，2020.

［115］简领．高管团队创新注意力、研发投入与企业绩效的关系研究［D］．广州：华南理工大学，2020.

［116］金志勇．基于创新视角的拼多多企业战略研究［D］．北京：中国社会科学院研究生院，2020.

［117］鞠雪楠，欧阳日辉．中国电子商务发展二十年：阶段划分、典型特征与趋势研判［J］．新经济导刊，2019（3）：26-33.

［118］Kamidi A，郭俊华．企业社会责任与创新：高管团队任期及其异质性的调节作用［J］．中国科技论坛，2021，299（3）：133-142.

［119］康路．现在就把将来的机会找出来！——专访哈佛商学院教授克莱顿·克里斯坦森［J］．商学院，2007（5）：78-80.

［120］［美］克莱顿·克里斯坦森. 创新者的窘境［M］. 胡建桥, 译. 北京: 中信出版社, 2014.

［121］［美］克莱顿·克里斯坦森. 颠覆性创新［M］. 崔伍刚, 译. 北京: 中信出版社, 2019.

［122］［美］肯·G. 史密斯, 迈克尔·A. 希特. 管理学中的伟大思想［M］. 徐飞, 等译. 北京: 北京大学出版社, 2010.

［123］李冠华. 技术多元化与合作创新绩效［D］. 广州: 暨南大学, 2020.

［124］李梦娜, 魏伟. 宝洁公司借助众创平台进行新产品研发的模式研究［J］. 商贸纵横, 2015（35）: 101.

［125］李胜楠, 牛建波. 高管权力研究的述评与基本框架构建［J］. 外国经济与管理, 2014, 36（7）: 3-13.

［126］李寿喜. 产权、代理成本和代理效率［J］. 经济研究, 2007（1）: 102-113.

［127］李涛, 石巍. 君乐宝奶粉十倍速增长引领国产奶粉逆袭［N］. 中国食品安全报, 2020-01-14.

［128］李寅龙. 高管团队注意力风格、企业家社会资本对不连续创新的影响研究［M］. 北京: 经济管理出版社, 2019.

［129］李煜华, 刘橙泽, 胡瑶瑛. 基于扎根理论的企业颠覆性技术创新行为驱动因素研究［J］. 科学技术哲学研究, 2019, 36（3）: 76-81.

［130］李桢, 欧光军, 刘舒林. 高技术企业颠覆性技术创新能力影响因素识别与提升探究——基于创新生态系统视角［J］. 技术与创新管理, 2021, 42（1）: 20-28.

［131］梁冰, 张凤杰, 陈继祥. 颠覆性创新与后发企业跨越式发展［J］. 技术经济与管理研究, 2008（4）: 24-26.

［132］林杭伟. 高管团队特征对企业国际化速度影响的实证研究［D］. 杭州: 浙江财经大学, 2019.

［133］刘琦岩. 大力发展引领产业变革的颠覆性技术［J］. 红旗文稿,

2016 (14): 19-21.

[134] 刘文勇. 颠覆式创新的内涵特征与实现路径解析 [J]. 商业研究, 2019 (2): 18-24.

[135] 刘永丽, 王凯莉. 产权性质、高管团队质量与企业绩效 [J]. 财会通讯, 2018 (18): 34-37.

[136] 陆成云. 我国运输服务新业态的思考 [J]. 综合运输, 2012 (11): 8-10.

[137] 吕晨, 张文杰, 刘书宁, 等. 高管团队异质性对科创企业融资能力的影响研究 [J]. 未来与发展, 2021, 45 (1): 61-66.

[138] 吕荣杰, 张思佳, 吴超. 高管团队注意力对企业技术获取模式的影响——基于智能制造视角 [J]. 科技管理研究, 2020, 40 (8): 166-175.

[139] 梅胜军, 何艺娟, 徐家瑾, 等. 高管注意力配置对企业创新和财务绩效的影响机制研究 [J]. 经营与管理, 2018 (2): 59-64.

[140] 孟文蔷. 颠覆性技术及其影响研究 [D]. 徐州: 中国矿业大学, 2016.

[141] 秦瑞琳. 高管团队注意力与内控缺陷披露的影响研究 [D]. 昆明: 云南财经大学, 2020.

[142] 权小锋, 醋卫华, 尹洪英. 高管从军经历、管理风格与公司创新 [J]. 南开管理评论, 2019, 22 (6): 140-151.

[143] 申庆岚, 程家兴. 商业系统颠覆性创新的理论综述 [J]. 商场现代化, 2020 (8): 19-20.

[144] 沈琪子. 高管团队外部注意力对企业绩效的影响 [D]. 武汉: 华中农业大学, 2020.

[145] [美] 史密斯. 管理学中的伟大思想 [M]. 徐飞, 路琳, 译. 北京: 北京大学出版社, 2010.

[146] 司江伟, 徐小峰. 企业研发人员创新绩效评价研究述评及展望——多维度个体评价研究的新进展 [J]. 中国科技论坛, 2011 (4): 128-134.

［147］宋建波，文雯．董事的海外背景能促进企业创新吗？［J］．中国软科学，2016（11）：109-120.

［148］宋铁波，翁艺敏，钟熙，等．高管团队特征视角下的CEO任期与企业研发投入：基于中小板上市公司的实证分析［J］．科技管理研究，2020，40（2）：171-180.

［149］孙国为．吉利汽车颠覆性创新模式研究［D］．哈尔滨：哈尔滨理工大学，2014.

［150］孙梁，韦森．重温熊彼特的创新驱动经济周期理论［J］．济南大学学报（社会科学版），2020，30（4）：5-21+2+157.

［151］孙启贵，邓欣，徐飞．破坏性创新的概念界定与模型构建［J］．科技管理研究，2006，26（8）：175-178.

［152］谭晓萌．颠覆性技术创新研究［D］．郑州：郑州大学，2019.

［153］汤文仙，李京文．基于颠覆性技术创新的战略性新兴产业发展机理研究［J］．技术经济与管理研究，2019（6）：95-99.

［154］万华．苹果公司核心竞争力分析及对我国电子企业的启示与应用研究［D］．天津：天津大学，2012.

［155］万宁．浅析颠覆性创新、破坏性创新和突破性创新三者关系［J］．商，2015（30）：122-123.

［156］王殿珊．基于不同所有权性质的中小板公司治理与绩效的实证研究［D］．沈阳：东北大学，2009.

［157］王金凤，王永正，冯立杰，等．颠覆式创新研究热点及演化可视化分析［J］．科技管理研究，2020，40（2）：22-32.

［158］王俊伟，杨杰．网约车颠覆性创新界定及监管对策［J］．重庆交通大学学报（社会科学版），2020，20（1）：27-34.

［159］王猛．颠覆性创新的研究热点与趋势［J］．社会科学战线，2019（11）：249-253.

［160］王宁宁，徐光，范丽君．高层管理团队特征与企业创新绩效关系研究［J］．科技与经济，2017，30（5）：81-85.

［161］王维焕．巨星的陨落［D］．厦门：厦门大学，2013.

［162］王文俊，李军．企业高层管理团队研究综述［J］．延边大学学报（社会科学版），2015，48（5）：122-130.

［163］王性玉，邢韵．高管团队多元化影响企业创新能力的双维分析：基于创业板数据的实证检验［J］．管理评论，2020，32（12）：101-111.

［164］王洋洋，谢一群，张蕊．高管团队不稳定性与审计风险防范：基于我国A股上市公司的经验证据［J］．审计研究，2022，228（4）：65-77.

［165］王永茂，董梅，李春燕．技术创新视角下成长型高企高质量发展的双维度评价：基于61家高企的实证分析［J］．科学管理研究，2019，37（5）：109-113.

［166］卫旭华，刘咏梅，岳柳青．高管团队权力不平等对企业创新强度的影响：有调节的中介效应［J］．南开管理评论，2015，18（3）：24-33.

［167］魏江，冯军政．国外不连续创新研究现状评介与研究框架构建［J］．外国经济与管理，2010（6）：9-16.

［168］文芳，胡玉明．中国上市公司高管个人特征与R&D投资［J］．管理评论，2009，21（11）：84-91+128.

［169］吴贵生，谢伟．"破坏性创新"与组织响应［J］．科学学研究，1997（4）：35-39.

［170］吴建祖，毕玉胜．高管团队注意力配置与企业国际化战略选择：华为公司案例研究［J］．管理学报，2013，10（9）：1268-1274.

［171］吴建祖，曾宪聚，赵迎．高层管理团队注意力与企业创新战略：两职合一和组织冗余的调节作用［J］．科学学与科学技术管理，2016，37（5）：170-180.

［172］吴建祖，华欣意．高管团队注意力与企业绿色创新战略：来自中国制造业上市公司的经验证据［J］．科学学与科学技术管理，2021，42（9）：122-142.

［173］吴佩，陈继祥，史玉婷．颠覆性创新产品低端市场进入最优定价研究［J］．系统管理学报，2014，23（1）：149-152.

［174］吴佩，姚亚伟，陈继祥．后发企业颠覆性创新最新研究进展与展望［J］．软科学，2016，30（9）：108-111.

［175］吴晓波，朱培忠，吴东，姚明明．后发者如何实现快速追赶？——一个二次商业模式创新和技术创新的共演模型［J］．科学学研究，2013（11）：1726-1735.

［176］吴玥瑭．机皇战略向机海战略变革研究［D］．武汉：中南财经政法大学，2019.

［177］肖书锋，吴建祖．创新注意力转移、研发投入跳跃与企业绩效：来自中国 A 股上市公司的经验证据［J］．南开管理评论，2016（2）：182-192.

［178］谢懿格．基于 Airbnb 的颠覆性创新理论反思［J］．南都学坛，2020，40（6）：119-124.

［179］熊艾伦，王子娟，张勇，李宏毅．性别异质性与企业决策：文化视角下的对比研究［J］．管理世界，2018，34（6）：127-139+188.

［180］许庆瑞．研究与发展管理［M］．北京：高等教育出版社，1986.

［181］许泽浩．颠覆性技术的选择及管理对策研究：基于 TRIZ 理论与 SNM 理论视角［D］．广州：广东工业大学，2017.

［182］杨桂菊，陈思睿，王彤．本土制造企业低端颠覆的理论与案例研究［J］．科研管理，2020，41（3）：164-173.

［183］杨景岩，李凯飞．技术创新：企业成长的动力［J］．经济与管理研究，2006（7）：64-68.

［184］姚科敏，徐志远．颠覆性技术促进产业转型升级的趋势与实践路径［J］．自然辩证法通讯，2020，42（5）：109-115.

［185］姚丽萍，任雪明．特斯拉模式对我国新能源汽车发展的启示［J］．湖北汽车工业学院学报，2016，30（4）：61-64.

［186］叶健．苹果公司核心竞争力分析及其启示［D］．上海：复旦大学，2009.

［187］叶竹馨，买忆媛．创业团队的认知结构与创新注意力：基于 TMS

视角的多案例研究 [J]. 管理评论, 2016, 28 (4): 225-240.

[188] 尹西明, 陈劲, 海本禄. 推进整合式创新 加快颠覆性技术突破 [N]. 经济参考报, 2020-02-24 (007).

[189] 尹西明, 陈劲, 海本禄. 新竞争环境下企业如何加快颠覆性技术突破？——基于整合式创新的理论视角 [J]. 天津社会科学, 2019 (5): 112-118.

[190] 于东智, 池国华. 董事会规模、稳定性与公司绩效：理论与经验分析 [J]. 经济研究, 2004 (4): 70-79.

[191] 余维臻, 陈立峰, 刘锋. 后发情境下创业企业如何成为"独角兽"：颠覆性创新视角的探索性案例研究 [J]. 科学学研究, 2021: 1-14.

[192] 袁月. 技术创新投入对财务绩效与风险的影响分析：从苹果公司复苏看技术创新的力量 [J]. 财会通讯, 2012 (11): 40-41.

[193] 曾宪聚, 吴建祖, 王欣然. 国外注意力基础观研究现状探析与未来展望 [J]. 外国经济与管理, 2009 (6): 58-65.

[194] 张春辉, 陈继祥. 两种创新补贴对创新模式选择影响的比较分析 [J]. 科研管理, 2011, 32 (8): 9-16.

[195] 张光宇, 欧春尧, 刘贻新, 刘安蓉. 人工智能企业何以实现颠覆性创新？——基于扎根理论的探索 [J]. 科学学研究, 2021 (4): 1-12.

[196] 张光宇, 谢卫红, 刘艳, 邓晓锋. 战略生态位管理的理论与实践 [M]. 北京：科学出版社, 2014.

[197] 张昊. 高管海外背景对业绩预告披露的影响 [D]. 南京：南京大学, 2019.

[198] 张洪石, 付玉秀. 影响突破性创新的环境因素分析和实证研究 [J]. 科学学研究, 2005 (12): 255-263.

[199] 张枢盛, 陈继祥. 颠覆性创新演进、机理及路径选择研究 [J]. 商业经济与管理, 2013 (5): 39-48.

[200] 张维迎. 回望：一个经济学家是如何成长的 [M]. 海南：海南出版社, 2023.

［201］张维迎．理念的力量［M］．西安：西北大学出版社，2014．

［202］张晓亮，文雯，宋建波．学者型 CEO 更加自律吗？——学术经历对高管在职消费的影响［J］．经济管理，2020，42（2）：106-126．

［203］赵莉，易邱璐．基于 DEMATEL 的后发企业突破性创新影响因素研究［J］．科技管理研究，2017，37（3）：29-34．

［204］赵迎．高管团队职业背景、高管团队注意力与企业创新战略［D］．兰州：兰州大学，2014．

［205］郑江淮．企业家注意力配置与创新模式的决定［J］．外国经济与管理，2000（6）：18-24．